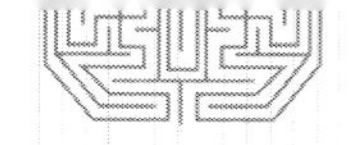

方士華 編著

千古祭廟

明清時期，最為著名供奉先祖場所是北京歷代帝王廟，不僅是中國古建築興廟中的精品，更是吸引海內外華人祭祖炎黃，頌揚先賢，增強歷史自豪感和民族凝聚力的重要場所；武則天是中國歷史上唯一正統女皇帝，有「貞觀遺風」的美譽，人們對她立祠進行祭祀，尤其山西文水武則天故里和四川廣元黃澤寺，兩地祭祀活動和建築風格別具一格；包拯是中國老百姓心中的青天，中國修建有許多祭祀包公的祀廟，主要有開封包公祠和合肥包公孝肅祠……

崧燁文化

目錄

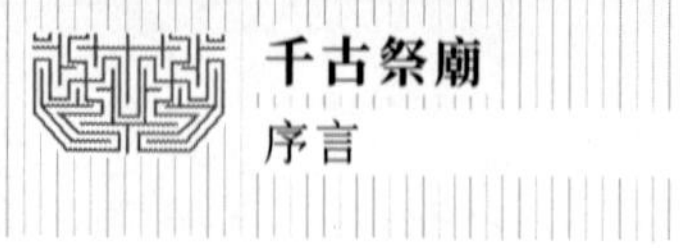

序言

文化是民族的血脈，是人民的精神家園。

文化是立國之根，最終體現在文化的發展繁榮。博大精深的中國優秀傳統文化是我們在世界文化激盪中站穩腳跟的根基。中華文化源遠流長，積澱著中華民族最深層的精神追求，代表著中華民族獨特的精神標識，為中華民族生生不息、發展壯大提供了豐厚滋養。我們要認識中華文化的獨特創造、價值理念、鮮明特色，增強文化自信和價值自信。

面對世界各國形形色色的文化現象，面對各種眼花繚亂的現代傳媒，要堅持文化自信，古為今用、洋為中用、推陳出新，有鑑別地加以對待，有揚棄地予以繼承，傳承和昇華中華優秀傳統文化，增強國家文化軟實力。

浩浩歷史長河，熊熊文明薪火，中華文化源遠流長，滾滾黃河、滔滔長江，是最直接源頭，這兩大文化浪濤經過千百年沖刷洗禮和不斷交流、融合以及沉澱，最終形成了求同存異、兼收並蓄的輝煌燦爛的中華文明，也是世界上唯一綿延不絕而從沒中斷的古老文化，並始終充滿了生機與活力。

中華文化曾是東方文化搖籃，也是推動世界文明不斷前行的動力之一。早在五百年前，中華文化的四大發明催生了歐洲文藝復興運動和地理大發現。中國四大發明先後傳到西方，對於促進西方工業社會發展和形成，曾造成了重要作用。

中華文化的力量，已經深深熔鑄到我們的生命力、創造力和凝聚力中，是我們民族的基因。中華民族的精神，也已深深植根於綿延數千年的優秀文化傳統之中，是我們的精神家園。

總之，中華文化博大精深，是中華各族人民五千年來創造、傳承下來的物質文明和精神文明的總和，其內容包羅萬象，浩若星漢，具有很強文化縱深，蘊含豐富寶藏。我們要實現中華文化偉大復興，首先要站在傳統文化前沿，薪火相傳，一脈相承，弘揚和發展五千年來優秀的、光明的、先進的、科學的、文明的和自豪的文化現象，融合古今中外一切文化精華，構建具有中國特色的現代民族文化，向世界和未來展示中華民族的文化力量、文化價值、文化形態與文化風采。

為此，在有關專家指導下，我們收集整理了大量古今資料和最新研究成果，特別編撰了本套大型書系。主要包括獨具特色的語言文字、浩如煙海的文化典籍、名揚世界的科技工藝、異彩紛呈的文學藝術、充滿智慧的中國哲學、完備而深刻的倫理道德、古風古韻的建築遺存、深具內涵的自然名勝、悠久傳承的歷史文明，還有各具特色又相互交融的地域文化和民族文化等，充分顯示了中華民族厚重文化底蘊和強大民族凝聚力，具有極強系統性、廣博性和規模性。

本套書系的特點是全景展現，縱橫捭闔，內容採取講故事的方式進行敘述，語言通俗，明白曉暢，圖文並茂，形象直觀，古風古韻，格調高雅，具有很強的可讀性、欣賞性、知識性和延伸性，能夠讓廣大讀者全面觸摸和感受中華文化的豐富內涵。

肖東炎

君王廟——君王祭祀

中國在很早的時候，就出現專門供奉先祖的場所，夏代稱為「世室」，殷商稱為「重屋」，周代稱為「明堂」，從秦漢起稱為「太廟」。太廟最初只是供奉皇帝先祖的地方，後來，那些有功於江山社稷的皇后和功臣，經皇帝批准後也被供奉在太廟裡。到了明清時期，太廟的建築形制和祭祀功能更加完善，體現追崇和緬懷先人這一傳統的歷史傳承。

明清時期，最為著名的供奉先祖的場所是北京的歷代帝王廟，它不僅是中國古建築寶庫中的精品，更是吸引海內外華人祭奠炎黃、頌揚先賢、增強歷史自豪感和民族凝聚力的重要文化場所。

侍奉歷代皇室先祖的太廟

在夏代的時候，人們將先祖供奉在固定的地方，後來逐漸成為皇帝的宗廟，當時稱之為「世室」。到了殷商時期，這種古代的祭祀場所被稱為「重屋」，周代時稱為「明堂」，從秦漢時起稱為「太廟」，一直沿用到後來。

北京太廟大門

明清太廟琉璃門

最早的太廟只是供奉皇帝先祖的地方。後來，皇后和功臣的神位經皇帝批准也可以被供奉在太廟。還有有功於社稷的臣子和子民，去世後不僅以郡王之禮厚葬，經皇帝允許，還可以享用在太廟被祭祀的待遇。到了明清時期，太廟成為皇帝祭奠祖先的家廟。

郡王：中國古代爵位名，始於西晉，晉武帝封司馬伷為東莞郡王。一般封號為一個字的王為親王，封號為兩個字的王為郡王。唐宋以後，郡王皆為次於親王一等的爵號。除皇室外，臣下亦可封郡王。清代宗室封爵第二級稱為多羅郡王，簡稱郡王。

琉璃：亦作「瑠璃」，是指用各種顏色的人造水晶為原料，採用古代的青銅脫蠟鑄造法高溫脫蠟而成的水晶作品。其色澤流光溢彩、美輪美奐；其品質晶瑩剔透、光彩奪目。琉璃是佛教「七寶」之一、「中國五大名器」之首。中國琉璃生產歷史悠久，最早的文字記載可以追溯到唐代。

中國太廟建築不僅歷史悠久，而且建築形制也不斷變化。據文獻記載，按周代的禮制，太廟位於宮門前東側。夏商周時期的宗廟，是每廟一主，夏五廟，商七廟，周亦七廟。到了漢代，不僅京城立廟，各郡國同時立廟，於是其數達一百七十六所，這和後來天子宗廟僅太廟一處的制度是很不相同的。

天子：顧名思義，天之嫡長子。中國古代，封建君主認為王權為神所授，其命源天對封建社會最高統治者的稱呼。自稱其權力出於神授，是秉承天意治理天下，故稱帝王為天子，也自稱為朕。朕代表皇帝的說法，出自於秦國丞相李斯。他對秦始皇說：「臣等昧死上尊號，王為泰皇。命為制，令為詔，天子自稱曰朕。」

據考古發現，除殷墟、二里頭、周原有可能為宗廟的遺址外，較為明確的遺址，應為西安漢長安城南郊的「王莽九廟」遺址。

「王莽九廟」遺址的宗廟建築有十一組，每組均為正方形地盤，四周有牆垣覆瓦，四面牆正中辟門，院內四隅有附屬配房，院正中為一夯土台，主體建築仍採用高台與木結構結合的形式。每組邊長自兩百六十公尺至三百一十四公尺不等，規模相當大。

北京太廟辟雍

這種有縱橫兩個軸、四面完全對稱的布局方法，大約是西漢末年祠廟的通例。並且可以見於明堂、辟雍、陵墓、早期佛寺和某些祭壇的平面形式等。

辟雍：亦作「璧雍」等，原本是西周天子為教育貴族子弟設立的大學。取四周有水，形如璧環為名。其學有五所，南為成均，北為上庠，東為東序，西為瞽宗，中為辟雍。其中以辟雍為最尊，故統稱之。西漢以後，歷代皆有辟雍，但多為祭祀用。

到了魏晉時期，這種每廟一主的形制，變為一廟多室、每室一主的形制。魏有四室，西晉為七室，東晉增至十室至十四室，因為把隔了幾代的祖宗神主遷入遠祖之廟了。

至唐代時，定為一廟九室。明清時期亦沿襲一廟九室，並立有「祧廟之制」，也就是到了第九代就要被祧出去。

明清時期的北京太廟，位於北京市天安門廣場東北側，是皇帝舉行祭祖典禮的地方，是紫禁城建築群的重要組成部分。始建於明永樂年間的公元一四二〇年，是根據中國古代「敬天法祖」的傳統禮制建造的。

北京太廟是世界上現存最大、最完整的祭祖建築群。主要有宰牲亭、神廚、神庫、井亭、燎爐、配殿等。最為重要的是大戟門和三重殿堂，即享殿、寢殿、祧廟，俗稱大殿、二殿和三殿。

北京太廟整個建築布局嚴謹，巍峨宏麗，莊嚴肅穆。建築採用中軸對稱式布局，琉璃門、漢白玉石拱橋、戟門、三大殿依次排列在中軸線上，井亭、神廚、神庫配殿依次排列於兩側。整個太廟建築群，基本為明嘉靖年間重建規模，是研究明代建築群整體組合造型處理的良好典型。

殿宇均為黃琉璃瓦頂，建築雄偉壯麗。前殿面闊十一間，進深四間，重檐廡殿頂，周圍有三重漢白玉須彌座式台基，四周圍石護欄。主要梁柱外包沉香木，其餘木構件均為金絲楠木，天花板及柱皆貼赤金花，製作精細。太廟雖經清代改建，其規制和木石部分，大體保持原構，是北京最完整的明代建築群之一。

北京太廟建築群中最雄偉壯觀的是享殿，又名前殿，是明清兩代皇帝舉行祭祖大典的場所。享殿是整個太廟的主體，為中國古代最高等級的黃琉璃瓦重檐廡殿頂，檐下懸掛滿漢文「太廟」九龍貼金額匾，坐落在三層漢白玉須彌座上，面積達兩千零六十平方公尺。

北京太廟燎爐

享殿的梁、柱、枋、檩、鎏金斗拱等大小木構件，均為金絲楠木，六十根楠木大柱，高十二點五八公尺，最大底徑達一點一七公尺，是中國現存規模最大的金絲楠木宮殿，楠木大柱更是舉世無雙，建築品質和文物價值只有明長陵的棱恩殿可與其相匹。

享殿內原供奉木製金漆的神座，帝座雕龍，後座雕鳳。座前陳放供品、香案和銅爐等。兩側的配殿設皇族和功臣的牌位。

牌位：又稱靈牌、靈位、神主、神位等，是指書寫逝者姓名、稱謂或書寫神仙、佛道、祖師、帝王的名號、封號、廟號等內容，以供人們祭奠的木牌。牌位大小形制無定例，一般用木板製作，呈長方形，下設底座，便於立於桌案之上。古往今來，民間廣泛使用牌位，用於祭奠已故親人和神祇、佛道、祖師等活動。

清代皇帝祭祖，每年四季首月祭典稱「時享」，歲末祭典稱「祫祭」，凡婚喪、登極、親政、冊立、征戰等國家大事之祭典稱「告祭」。享殿內陳設金漆雕龍雕鳳帝后神座及香案供品等。

清代時享殿內部陳設寶座，寶座數與中、後殿所供奉的牌位數一致，在舉行祫祭等大型祭祀時，即將中、後殿神龕內的帝后牌位移至前殿，安置於寶座之上，至清亡，前殿有寶座三十六座，另有大小供桌、銅燈、銅祭器等物。祭前先將祖先牌位從寢殿、祧廟移來此殿神座安放，然後舉行隆重的儀式。

整個享殿建築雄偉莊嚴，富麗堂皇。按照當時的制度，不算臨時性的祭祀，每年春夏秋冬和年底要大祭五次。每次舉行大典時，儀仗整肅，鐘鼓齊鳴，韶樂悠揚，佾舞蹁躚，是中華祭祖文化的集中體現。

韶樂：史稱舜樂，為上古舜帝之樂，是一種集詩、樂、舞為一體的綜合古典藝術。韶樂是中國宮廷音樂中等級最高、運用最久的雅樂，由它所產生的思想道德典範和文化藝術形式，一直影響中國的古代文明，被譽為「中華第一樂章」。

太廟以古柏著名，樹齡多達數百年。在西區蒼翠的柏樹中，有一株形狀像奔馳回首的梅花鹿，被稱為「鹿柏」。說起它的來歷，還有一段神奇的傳說。

太廟祭祖，需要牛、羊、豬、鹿作為祭品擺在貢桌上，叫做「犧牲」。這些動物，平時圈養在水草豐美的南苑，到了皇帝祭祖的前十幾天，才從神廚門運到太廟裡的「犧牲所」。先圈養清洗幾天，然後在「宰牲亭」屠宰，送到神廚製成祭品。

話說清代乾隆時期有個老太監叫劉福，大家都叫他福爺。他和小太監李九兒一起負責餵養這些用來祭祀的動物。有一年秋天，離秋祭日子不遠了，李九兒在給剛選進來的牲口刷毛，發現一頭母鹿特別肥，肚子圓滾滾的。他把肥鹿的事跟福爺一說，福爺也覺得蹊蹺。

深夜，福爺帶著李九兒來到鹿圈，發現「肥鹿」不肥了，乾草地上多出了一隻小鹿羔。福爺大驚：鹿下崽見血，乃是不祥之兆，不能讓上面知道。否則，鹿圈養鹿的、送鹿的都要殺頭，連他們倆也得吃虧，落個知情不報的罪名。

於是，福爺用低沉沙啞的聲音對李九兒說：「趕緊把地上清理乾淨，鋪上新草，給母鹿擦乾身子，把小鹿羔子挖坑埋了。」

李九兒一聽就急了，反問福爺：「這麼好的小鹿養著不好嗎，為什麼活埋了？」

福爺嘆了一口氣，說道：「傻小子，你哪兒知道宮裡的規矩？」

李九兒苦苦哀求福爺，說要偷偷養著這頭小鹿，反正平時沒有人到太廟來，等養大了即使再做犧牲，也算活了一遭。

福爺見李九兒執意要留下這頭小鹿，把心一橫，說道：「也罷！咱就留下它吧，也算行個善事，不過，一要餵好，二要藏好。」

北京太廟內景

得到福爺的同意，李九兒高興得一蹦老高。爺兒倆連夜在草深僻靜的地方用樹枝給小鹿搭了一個圈，偷偷地養起來。

李九兒新增添了小夥伴，還給小鹿起個名字叫「十兒」，因為自己是「九兒」，小鹿是「十兒」，就如同是自己的小弟弟一樣。

光陰似箭，日月穿梭，眼看過了一年，「十兒」長成了一頭健壯的梅花鹿。

轉眼到了年底大祭，乾隆皇帝來到太廟，正在行大禮時，鼓樂大奏。這不僅驚起了柏樹上的小鳥，「十兒」也受到驚嚇，在太廟狂奔起來。

御林軍馬上進行驅趕，「十兒」跑出琉璃廟門，往西再向北，進入一片柏樹叢中，驚魂未定地站在那兒往回張望。

御林軍：亦稱「羽林軍」，顧名思義，在中國是護衛皇帝、皇家、皇城的特殊軍隊。始於漢武帝劉徹，此後，歷朝歷代的御林軍多有變化，隸屬系統、機構統領、職能權力和地位都不一樣。一般設總統領、右統領、左統領、帶刀護衛、敢死隊、大將軍、將軍等職。

正在此時，一名御林軍迂迴到它後面西北方向，搭弓射箭。只聽「嗽」地一聲，利箭從鹿的左後身斜著射入。

就在這時，突然傳來一聲巨響，閃出一片金光，照得眾人睜不開眼睛。待到再睜開眼睛時，只見「十兒」已化作一棵柏樹，身上還插著那只鐵箭。

乾隆皇帝聞聽此事，將信將疑，在御林軍首領的帶領下，來到鹿化作柏樹的地方。發現柏樹旁落滿仙鶴，有的仙鶴悠閒漫步，有的引頸長啼，有的振翅欲飛，有的以嘴梳毛。

乾隆皇帝想了想，說道：「此乃天意，鹿化為柏，柏上棲鶴，這是鹿鶴同春的吉兆，想必明年定是好年景啊。」於是親自賜名「鹿柏」，向鹿柏作揖，拜了三拜，並命看廟太監仔細養護。

作揖：中國人古代見面時的一種行禮形式，兩手抱拳高拱，身子略彎，表示向人敬禮。據考證作揖大約起源於周代以前。這種禮節要求兩手鬆松抱拳重疊，右手覆左手，在胸前右下側上下移動，同時略作鞠躬的姿勢。這種

禮節在京津地區，直到公元一九五〇、六〇年代依然保存，在年節、祝壽等莊重場合使用。

北京太廟寢殿

在遠處早已嚇得戰戰兢兢的福爺和隨時準備以命相拚保護「十兒」的李九兒，也因此躲過了一劫。

北京太廟享殿

這棵鹿柏經風沐雨，迎寒鬥暑，依然蒼翠茂盛地屹立在太廟西側。只不過身上的鐵箭早已朽爛了，僅留下一個疤痕。

太廟享殿的東配殿是供奉有功親王牌位的地方，始建於明代，黃琉璃瓦單檐歇山頂，面闊十五間，殿前出廊，廊柱上端卷收，並向內傾斜，屋簷起翹平緩，是典型的明代官式建況。

東配殿內供奉配享的是滿蒙有功親王的牌位。清代供奉十三人，如代善、多爾袞、多鐸、允祥、奕等。每間設一龕，內置木製紅漆金字滿漢文牌位。

太廟享殿的西配殿是供奉有功大臣牌位的地方，始建於明代，黃琉璃瓦單檐歇山頂，面闊十五間。殿前出廊、廊柱上端卷收，並向內傾斜，屋簷起翹平緩，是典型的明代官式建築。

歇山頂：歇山式屋頂，宋朝稱九脊殿、曹殿或廈兩頭造，清朝改今稱，又名九脊頂。為中國古建築屋頂樣式之一，在規格上僅次於廡殿頂。歇山頂共有九條屋脊，即一條正脊、四條垂脊和四條戧脊，因此又稱九脊頂。由於其正脊兩端到屋簷處中間折斷過一次，分為垂脊和戧脊，好像「歇」了一歇，故名歇山頂。

北京太廟祧殿

西配殿內供奉配享滿蒙漢文武功臣的牌位，清代供奉十三人，如鄂爾泰、張廷玉、傅恆、僧格林沁等，內部設置同太廟享殿東配殿一樣。

傅恆：（約公元一七二〇年至一七七〇年），富察氏，字春和，滿洲鑲黃旗人。清代乾隆時歷任侍衛、總管內務府大臣、戶部尚書、領班軍機大臣加太子太保、保和殿大學士、平叛伊犁統帥等職，謚文忠。撰寫《欽定旗務則例》、《西域圖志》等書。清嘉慶帝以子福康安平苗功，追封郡王，配享太廟，入祀賢良祠。

太廟中殿在清代時期，內部分有十七個小隔間，每間供奉一代帝后，即所謂「同堂異室」，隔間內設置有神龕，龕內供奉帝后牌位，左邊陳設有帝后的玉冊，右邊陳設有帝后的玉寶。在隔間外置有寶座，數目與龕內牌位數一致。至清亡時，中殿內尚有六個隔間尚未使用。

玉冊：也稱玉策，是古代用玉版製作之冊書。古制，帝王以玉冊用以祭祀告天和作皇帝即位冊文，亦用於冊命太子及后妃。玉牒，玉牒書。古代帝王進行封禪郊祀典禮，所用文牒以玉雕鏤，故名。

太廟後殿在清代時期，內部分有隔間，共有九間，正中一間與其左右各兩間內供奉清代四朝先祖帝后牌位與玉冊、玉寶等物，隔間外亦設寶座，數目與牌位數一致。

祧殿是放置牌位的地方，始建於公元一四九一年，黃琉璃瓦單檐廡殿頂。面闊九間，長六十一點九九公尺，進深四間，寬二十點三三公尺，殿內陳設和寢殿的陳設一樣。清代正中供奉肇祖、左興祖，再左顯祖、右景祖。

每季首月「明享」，皇帝委託官員在本殿祭祀，歲來將先祖牌位移至享殿。此殿自成院落，四周圍以紅牆。東南隅原有鐵燎爐一座，為焚燒祝帛之用。

北京太廟由高達 9 公尺的厚牆垣包繞，封閉性很強。南牆正中辟券門 3 道，用琉璃鑲貼，下為白石須彌座；凸出牆面，線腳豐富，色彩鮮明，與平直單一的長牆強烈對比，十分突出。這一入口處理是相當成功的，入門有小河，建小橋 5 座，再北為太廟戟門。

戟門建於明永樂年間的公元一四二〇年。黃琉璃瓦單檐廡殿頂，屋頂起翹平緩，戟門的檐下斗拱用材碩大，漢白玉繞欄須彌座，中飾丹陛，兩側各有一旁門。

北京太廟戟門

戟門是太廟始建後唯一沒有經過改動的重要遺物，是明初官式建築的重要代表。門外工廠原有木製小金殿一座，為皇帝臨祭前更衣盥洗之處。按最高等級的儀門禮制，門內外原有朱漆戟架八座，共插銀鐓紅桿金龍戟一百二十支。

戟門橋始建於明代，乾隆年間引故宮御河水於此，並對原橋進行改建，形如玉帶，故又稱「玉帶橋」。橋寬八公尺，為七座單孔石橋，兩側有漢白玉護欄，龍鳳望柱交替排列。中間一座為皇帝走的御路橋，兩邊為王公橋，次為品官橋，邊橋兩座供常人行走。

西北門始建於明代，清代改建。據說清代雍正皇帝為確保安全，到太廟祭祖的時候不走太廟街門，而從此門進入，於是加築琉璃隨堵門，形成內外兩門，並且建築高牆，以防刺客。

乾隆皇帝六十歲以後，為減少勞累，改由此門乘輦而入，故又稱「花甲門」。原門及牆已不存在。留存下來的為黃琉璃瓦單檐廡殿頂，是後代人們改建的。

北京太廟整個建築群雖歷經修葺，大部分仍保持明代的建築法式，是現存最為完整的明代建築群，其歷史和藝術價值極為珍貴，是研究明代建築群整體組合造型處理的良好典型。

閱讀連結

公元一八五〇年二月二十五日，是農曆的正月十四，元宵節的喜慶氣氛已經漸漸開始彌散了。此時的紫禁城籠罩在一片哀傷陰霾的氣氛裡，因為大清國的最高執政者道光皇帝已撒手人寰。在彌留之際，道光皇帝卻留下了一道朱諭，那就是百年之後靈位不進太廟，不立神功聖德碑。舉國歡慶的元宵節變成國喪日，道光皇帝的這一遺囑，堪稱驚世駭俗。

道光皇帝的遺詔說不準把自己移入太廟，是因為他感到自己沒有守住大清江山，無顏面對列祖列宗。但道光皇帝的兒子咸豐帝很為難，不入太廟，就沒有辦法進行祭祀，更沒有先例。所以最終還是將自己的父親道光皇帝的牌位放入了太廟。

祭祀帝王的歷代帝王廟

「三皇五帝」是中華民族的人文始祖，歷來為人們所景仰，並由此形成祭祀祖先的傳統。而明代建立的歷代帝王廟，就是祭祀祖先和帝王的場所，體現華夏文明對歷代先賢的尊崇與緬懷。

三皇五帝：傳說盤古開天闢地後，人類最初出現的上古中華文明創造者。「三皇五帝」根據典籍記載眾說紛紜，並無定論。一般認為，三皇為天皇伏羲、地皇神農和人皇女媧，五帝為黃帝、顓頊、帝嚳、唐堯和虞舜。三皇五帝是後人對遠古時期帝王、三皇五帝朝代的概括，而非全指，是華夏文明對祖先的尊崇與緬懷。

歷代帝王廟廟門

考察中國歷史，帝王廟之設，遠早於明，但帝王廟冠以「歷代」二字，則是明太祖朱元璋於明初在南京首創的。

歷代帝王廟內牌位

朱元璋建立明王朝後，以文化祭祀為切入點，在南京創建歷代帝王廟，於公元一三七四年八月落成，朱元璋親臨致祭。在當時，這裡集中入祀「三皇五帝」和夏禹王、商湯王、周武王、漢高祖劉邦、漢光武帝劉秀、唐太宗李世民、宋太祖趙匡胤和元世祖忽必烈。既體現漢民族大一統王朝開國帝王的主體地位，也認可元王朝為中華正統，讓忽必烈同享崇祀，對緩解漢蒙矛盾，造成了至關重要的作用。

朱元璋創建歷代帝王廟，意義非同小可。他第一次用廟宇祭祀的形式，彰顯中華一統帝系的歷史傳承，也體現對元王朝的民族包容。

明成祖朱棣遷都北京後，南京歷代帝王廟一直由太常寺負責祭祀。後來繼位的明世宗朱厚熜，對禮制研究很是痴迷，釐定不少祭典制度，改建或新建一批皇家壇廟，新建北京歷代帝王廟，就是其中之一。

明世宗認為，歷代帝王廟遠在南京，不便前往親祭，而在北京祭祀歷代帝王，只附屬於南郊之祀，也很不正規。於是決定在北京新建歷代帝王廟。公元一五三二年夏，歷代帝王廟在阜成門內大街建成，當年八月，明世宗親臨北京歷代帝王廟致祭。

北京歷代帝王廟是明清兩代皇帝祭祀先祖的地方。政治地位與北京的太廟、孔廟相齊，合稱為明清北京三大皇家廟宇。從明嘉靖時期至清末近四百年間，在歷代帝王廟共舉行過六百六十二次祭祀大典。

朱元璋時確定祭祀的帝王是十八位，清王朝順治皇帝定都北京後定為二十五位。清代康熙、雍正、乾隆三朝皇帝對歷代帝王廟都非常重視。康熙帝曾下諭旨：除了執政無道之君和亡國之君外，歷史上所有曾經在位的皇帝，均在帝王廟中為其立牌位。乾隆帝更是提出「中華統緒，絕不斷線」的觀點，把廟中沒有涉及的朝代，也選出皇帝入祀。

歷代帝王廟內牌位

北京歷代帝王廟占地一點八萬平方公尺，古建築面積六千平方公尺。建築規模龐大，整體布局氣勢恢宏，顯示皇家廟宇的尊貴和氣派，是中國古建築中舉世無雙之精品。它自建成之後基本沒有大變，只是清代在景德殿兩側增建四座碑亭和景德門外西院諸殿。

歷代帝王廟下馬碑

歷代帝王廟由南至北依次為：影壁、景德街牌樓、石橋、下馬碑、廟門、景德門、景德崇聖大殿和祭器庫。大殿兩側有東、西配殿，還有四座御碑亭和二座燎爐。東南側有鐘樓、神廚、神庫、宰牲亭、井亭。西南側有樂舞執事房、典守房、齋宿房。此外，還有單獨成體的有「廟中廟」之稱的關帝廟。

歷代帝王廟的影壁是明嘉靖年間的公元一五三〇年始建的原構，至今已有四百八十多年的悠久歷史了。它位於歷代帝王廟整座建築群的中軸線的最南端，其規模和形制均與這座皇家廟宇相一致。

影壁：也稱照壁，古稱蕭牆，是中國傳統建築中用於遮擋視線的牆壁。舊時人們認為自己的住宅中，不斷有鬼來訪。如果有影壁的話，鬼看到自己的影子，會被嚇走。當然，影壁也有遮擋外人視線的作用，即使大門敞開，外人也看不到宅內。影壁還可以烘托氣氛，增加住宅氣勢。

中國古建中的影壁通常分為「一」字形和「八」字形。歷代帝王廟影壁為綠琉璃筒瓦硬山調大脊，長三十二點四公尺，高五點六公尺。南北厚一點三五公尺，呈「一」字形。影壁的基座為磚砌的須彌座，壁身是砌成長方體的立牆，通體朱紅色。它的四棱都由綠琉璃筒瓦包嵌，南北兩個壁面為「中心四岔」。

所謂「中心四岔」，是指壁身的中心位置和四角位置，都有琉璃雕花紋飾。中心為團花，圖案是纏枝牡丹，四個岔角也是纏枝牡丹紋飾。

景德門牌樓各設於景德門前東西兩側，是隨著歷代帝王廟的興建而營造起來的，形制基本一致。這兩座牌樓為三間四柱七樓，兩側有戧柱相對支撐，造型古樸端莊，製作華美。它們與北面的帝王廟建築群和南面的影壁，形成一個建築群體，體現出皇家禮制建築規制的整體風貌。

在歷代帝王廟大門兩側的「八」字牆前，各立有一塊高大的下馬碑。這兩座下馬碑，高大、肅穆卻又低調。下馬碑是昔日皇家設立的諭令碑，是一種顯示封建等級禮儀的標誌。

歷代帝王廟前的這兩塊下馬碑，立於清代。每塊碑均用滿、漢、蒙、回、藏、托忒六種文字鐫刻「官員人等至此下馬」，以示歷代帝王廟的威嚴與尊貴。東側下馬碑陽面為滿、漢、蒙文，陰面為托忒、回、藏文；西側下馬碑陽面為托忒、回、藏文，陰面為滿、漢、蒙文，以示民族平等。碑座是長方形，沒有龜趺，民間流傳「有碑沒有馱」指的就是這座下馬碑。

根據清代乾隆時期的《禮部則例》等書記載，「下馬牌」原本是木牌，清乾隆時期才換成了石碑。木牌原立於橋南朱柵外，改成石碑後立在了三座旱石橋的兩側，旱橋拆除後，下馬碑移至門廊前。

下馬碑的功能，就如碑上所鐫刻的文字「官員人等至此下馬」一樣，它告知所有官員民眾，來到歷代帝王廟門前必須下馬步行，以表示對歷代帝王和先賢功臣的尊崇。

說起下馬碑，有一則民間故事。相傳在幾百年前，人們喜歡在歷代帝王廟門前納涼。有一天多了一位陌生人，他在廟門前練武打拳，跟誰也不搭理。周圍的人起先有些好奇，日復一日，也就見怪不怪了。

有一天晚上，歷代帝王廟附近的百姓在睡夢中被一聲巨響驚醒了。天亮後，他們發現廟門前的下馬碑上有個五指大掌印，掌印中間好似有個珠子大的凹痕。到底發生了什麼事？誰也弄不清。後來，這裡來了一位雲遊四方的老和尚，他說碑上留下的不是掌印，而是龍爪印，在那個凹痕裡原來藏有「二龍戲珠」的夜明珠，被那個練武的人偷走了。

歷代帝王廟景德門

廟門與影壁隔街相望，黑琉璃筒瓦綠剪邊歇山頂調大脊，面闊三間，通寬十五點六公尺，通進深九點五公尺，平身科為單昂三踩斗拱，兩邊有「八」字牆，下有漢白玉石台階，中有御路，雕雲山紋。在廟大門兩側各有一間旁門，為黑琉璃筒瓦綠剪邊歇山頂調大脊。門前原有小石橋三座，象徵帝王之居。

歷代帝王廟景德崇聖殿

景德崇聖門位於廟門正北，黑琉璃筒瓦綠剪邊歇山頂調大脊，面闊五間，通寬二十六點六公尺，通進深十四點八公尺，平身科為單昂三踩斗拱，旋子彩畫，四周繞有漢白玉石護欄，前後均三出陛，中為御路，兩側有垂帶踏步。在景德崇聖門兩側各有側門一間，黑琉璃筒瓦綠剪邊歇山頂調大脊。

景德崇聖殿始建於明嘉靖年間的公元一五三〇年，是歷代帝王廟的主體建築，寓意為「景仰德政，崇尚聖賢」。景德崇聖殿坐北朝南，面闊九間，五十一公尺，進深五間，二十七公尺，象徵天子的「九五之尊」。和故宮的太和殿是一個級別。

景德崇聖殿為重檐廡殿頂，金絲楠木柱，地面墁金磚。清雍正、乾隆時期曾大修，更換成黃琉璃瓦頂，重繪金龍彩畫。殿內懸有清乾隆帝的御聯和匾，匾上有「報功觀德」四個字，對歷代帝王的奉祀活動就在景德崇聖殿內舉行。大殿內奉祀歷代帝王，只在中心位置設立牌位，不立塑像。

景德崇聖殿鋪設的是專門為皇家燒製的地磚，也就是俗稱的「金磚」。金磚給人光潤如玉、踩上去不滑不澀的感覺，其顆粒細膩、質地密實。這次修繕用的「金磚」是在當年蘇州的「御窯」訂製的，其選料、燒製、加工均有嚴格的工序，鋪設前還要經過桐油浸泡、表面打磨等處理。

清乾隆年間的公元一七八四年，景德崇聖殿供奉的入祀帝王增至一百八十八位，共分七龕供奉，位居正中一龕的是伏羲、黃帝、炎帝的牌位，左右分列的六龕中，供奉傳說時代的「五帝」、夏、商、周、漢、唐、五代十國、宋、元、明等歷朝歷代的一百八十五位帝王牌位。

景德崇聖殿東西兩側的配殿中，還祭祀著伯夷、姜尚、蕭何、諸葛亮、房玄齡、范仲淹、岳飛、文天祥等七十九位歷代賢相名將的牌位。這些歷史名人中沒有秦始皇、楊堅和李淵，是有歷史原因的。

歷代帝王廟內建築

歷代帝王廟內的關帝廟

秦始皇作為中國歷史上第一個大一統王朝的皇帝，卻未能入祀北京歷代帝王廟，有一種說法是因為秦始皇的「焚書坑儒」。由於秦代以後的帝王大都尊崇儒家，從儒家思想的觀點看，秦始皇被看作無道暴君。他雖然創造了一統中華等偉業，但在過去的史書和人們心目中，更強調的是他「焚書坑儒」等對儒家的打擊，所以沒有將其列入景德崇聖殿供奉的帝王之中。

儒家：又稱儒學、儒家學說，是中國歷史上最有影響的學派。作為華夏固有價值系統的一種表現，儒家並非通常意義上的學術或學派，而是中華法系的法理基礎。儒家最初指的是婚喪祭時的司儀，自春秋起指由孔子創立後，逐步發展以仁為核心的思想體系。

楊堅是隋王朝開國皇帝，是西魏大將軍楊忠之子。楊忠跟隨西魏權臣宇文泰起義關西，宇文泰奠基北周政權，是為北周文帝。至北周宣帝宇文贇去世後，其長子宇文闡即位，是為北周靜帝。當時宇文闡八歲，楊堅入宮輔政，任宰相，總攬軍政大權。

宰相：中國古代最高行政長官的通稱。「宰」的意思是主宰，商代時為管理家務和奴隸之官；周代有執掌國政的太宰，也有掌貴族家務的家宰、掌

管一邑的邑宰，實已為官的通稱。「相」，本為相禮之人，字義有輔佐之意。宰相連稱，始見於《韓非子·顯學》，但只有遼代以其為正式官名。

後來，楊堅取代後周自稱為帝，國號隋，隨即滅南朝陳而統一全國。楊堅史稱隋文帝，他一度因隋之創建者而享祀，但終因其篡權奪位而被撤出。

唐高祖李淵是唐王朝開國皇帝，理應入歷代帝王廟享祀。但因他原是隋王朝重臣，開國之功遠不及他的兒子唐太宗李世民，因而被撤祀。歷代帝王廟中的單體建築關帝廟於清代增建，硬山頂，面闊三間，進深一間，帶前廊，專門祭祀關羽。關羽之所以被祭祀於「帝王」廟宇之中，與關羽的官民信仰有關。

有人認為，關羽歷來被官民共同奉為保護神，在歷代帝王廟建築群裡，單獨建關帝廟，是想藉助其忠義仁勇的「關帝」來鎮惡闢邪，達到護衛的功效。

還有些人推測說，關羽曾被眾多皇帝尊崇為「武聖」。倘若按功臣名將的身分，把關羽供奉在東西配殿中顯得待遇有點低了；倘若真要按帝王身分供奉在景德崇聖殿裡，與歷代帝王共聚一室又嫌不夠資格，因此，只好為他單獨建廟，供人祭祀。

也有人分析說，入祀的帝王按規制都必須生前在位，但關羽從未當過一天帝王，而那些享祀的功臣名將，又無一人去世後封王稱帝的，唯獨關羽一人屢屢被封為「關帝」。所以，在尊崇關羽最盛的明清兩代，一座相對獨立的關帝廟出現在西跨院裡，並同時建起配套的祭器庫。

歷代帝王廟碑亭

在歷代帝王廟建築中，景德崇聖殿、景德門、東西配殿的主要構件都是明代遺留下來的，而壁畫、琉璃瓦等多是清代乾隆時期的。北京的故宮、頤和園、天壇、孔廟等建築雖然都是始建於明代，但留存的明代構件不多，像歷代帝王廟這樣保留了大量明代原構件的極為少見。

配殿位於景德崇聖門的北面，景德崇聖殿東西兩側，各七間，分別為西、東向，黑琉璃筒瓦綠剪邊歇山頂調大脊，通寬三十三點四公尺，通進深十四點六公尺，平身科為單昂三踩斗拱，旋子彩畫，內頂為井口天花，下方磚鋪地。

歷代帝王廟燎爐

東西配殿為從祀歷代功臣的場所，其中的鼎爐、燎爐、殿後祭器庫五間，皆不存。

環繞景德崇聖殿共有四座碑亭，月台兩側各有碑亭一座，黃琉璃筒瓦重檐歇山頂調大脊，方形，每面面闊三間，上檐平身科為重昂五踩斗拱，下檐平身科為單昂五踩斗拱，和璽彩畫。

殿兩山兩側亦各有碑亭一座，黃琉璃筒瓦重檐歇山頂調大脊，方形，每面面闊三間，各寬十公尺，上檐平身科為重昂七踩斗拱，下檐平身科為重昂五踩斗拱，均和璽彩畫。

和璽彩畫：又稱宮殿建築彩畫，在清代是一種最高等級的彩畫，大多畫在宮殿建築上或與皇家有關的建築之上。和璽彩畫根據建築的規模、等級與使用功能的需要，分為金龍和璽、金鳳和璽、龍鳳和璽、龍草和璽及蘇畫和璽五種。

在這四座碑亭中，正西一座建於公元一七三三年，內為無字碑；東南一座也建於公元一七三三年，碑體陽面為雍正御製碑文，陰面為乾隆御製碑文；西南一座建於公元一七六四年，陽面和陰面均為乾隆御製碑文；正東一座建於公元一七八五年，陽面為乾隆御製滿漢合文碑文，陰面無字。

鐘樓在東側門之北，黑琉璃筒瓦綠剪邊歇山頂，重樓重檐調大脊，方形，每邊面闊三間，上檐平身科為單昂三踩斗拱，旋子彩畫，下檐平身科為一斗二升交麻葉頭斗拱，旋子彩畫。

旋子彩畫：俗稱「學子」、「蜈蚣圈」，等級僅次於和璽彩畫，其最大的特點是在藻頭內使用了帶卷渦紋的花瓣，即所謂旋子。旋子彩畫最早出現於元代，明初即基本定型，清代進一步程式化，是明清官式建築中運用最為廣泛的彩畫類型。

其實，歷代帝王廟的彩畫藝術是首屈一指的。歷代帝王廟的彩畫經歷了三個階段，第一個階段是明嘉靖始建時期，第二個階段是清雍正大修時期，第三個階段是清乾隆修繕時期。其中最有價值的是明代始建時期的彩畫，在留存下來的建築上還有遺存，可惜常人不易見到了。

歷代帝王廟鐘樓

在景德崇聖殿天花板上邊，有三間彩畫，從紋飾到工藝，是非常有價值的明代彩畫。景德門正面西側的天花彩畫非常漂亮，紋樣是金蓮水草，三朵蓮花分別代表天皇、地皇、人皇；顏色鮮豔，用的都是天然礦石質顏料。

在景德門的脊部也留有一間明嘉靖始建時期的彩畫，也在天花板上面。它的紋飾與正殿不一樣，做工沒有大殿精細。

此外，東跨院的神庫神廚，也留有始建時期的彩畫痕跡。在宰牲亭的南側和西側有一兩件。後人把清代彩畫做在老地仗上，所以留下一些痕跡來。景德崇聖殿天花面除三間彩畫，其他都是白木頭，這可以說明它是從明嘉靖時期留下來的，經過幾次修繕脊部都沒動。

歷代帝王廟碑亭

北京歷代帝王廟並不是宗教場所，它供奉祭祀的對象，既不是神也不是佛，而是祭祀中國歷代的帝王。這樣一來，同一個「廟」字，有的屬宗教類建築，有的仍是祭祀用的建築。

北京歷代帝王廟是全國唯一集中祭奠「三皇五帝」、歷代帝王和功臣名將等中華先賢於一廟的神聖殿堂。有祭祀就離不開禮樂，何謂禮樂呢？禮和樂都是對天地萬物、自然規律的仿效或體現。

禮是取法天地的高下有別、四時的輪換有序、六氣的相互生發、萬物生養的各有所宜為原則而制定的。樂則是對自然界合規律又合目的的構成、運動變化的規律、形態的模擬與感覺。

禮、樂的產生都是為了適應社會的需要。禮，主要用於「辨異」，以區分個體成員的貴賤等級，使其確立各自的地位、職責和義務。樂，主要用於「求和」，調節人的內在情感，和諧不同成員之間的人際關係，使之相親相愛。

禮和樂都必須合「度」，若「過」便會引起混亂。禮和樂似孿生兄妹，形影不離。在禮樂文化體系中，禮居於主導地位，支配著樂;樂處於從屬地位，服務於禮。

在歷代帝王廟的祭祀活動中，不同的禮儀演奏不同的樂舞，不得混用，而且不同等級身分的人，只能享用不同規格的樂。從天子、諸侯、大夫到士，所用樂舞都有嚴格限制。樂隊規模的大小，舞隊人數的多少，演奏的樂章，歌唱的詩篇，甚至演出程式，都根據不同的用樂場合，用樂者的不同身分，不得僭越。

總之，北京歷代帝王廟不僅是中國古建築寶庫中的精品，也以其完善的禮樂制度承載數千年來祭祀祖先的傳統，是中國統一多民族國家發展進程一脈相承、連綿不斷的歷史見證。

閱讀連結

在中國歷史上，帝王廟冠以「歷代」二字，是明太祖朱元璋在明王朝初年創建的。朱元璋以文化祭祀為切入點，在南京創建歷代帝王廟，集中入祀「三皇五帝」和夏禹王、商湯王、周武王、漢高祖劉邦、漢光武帝劉秀、唐太宗李世民、宋太祖趙匡胤和元世祖忽必烈。既體現華夏、漢民族大一統王朝開國帝王的主體地位，也認可元王朝為中華正統。明朝遷都北京後，對歷代帝王的祭祀或在南京進行，或在北京郊區和故宮文華殿進行。明嘉靖皇帝朱厚熜於公元一五三〇年興建北京歷代帝王廟，祭祀人物沿襲南京舊制。

朱元璋用廟宇祭祀的形式，彰顯中華一統帝系的歷史傳承，體現對蒙元王朝的民族包容。

武后廟——女皇祭祀

武則天是中國歷史上唯一正統的女皇帝，也是即位年齡最大、壽命最長的皇帝之一。武則天在主政期間，善於治國，重視延攬人才，首創科舉考試的「殿試」制度，呈現政策穩定、百姓富裕的局面，故有「貞觀遺風」的美譽，亦為其孫唐玄宗李隆基的「開元之治」打下了長治久安的基礎。

因為武則天對歷史有巨大貢獻，所以人們對她立祠進行祭祀，尤其是在山西文水的武則天故里和四川廣元的皇澤寺，兩地的祭祀活動和建築風格別具一格。

祭祀武則天的寺廟皇澤寺

那是唐代初年，在四川利州即現在的廣元，有一個從事木材買賣的商人叫武士彠。公元六二四年正月二十三這一天，武家誕生一個女嬰，就是後來被稱為中國歷史上唯一正統的女皇帝武則天。武家家境殷實、富有，武則天在廣元度過童年和少年時期。

武則天畫像

隋煬帝大業末年，唐高祖李淵任職河東和太原之時，曾多次在武家留住，因而結識武士彠。李淵在太原起兵後，武士彠曾資助過錢糧衣物，故唐王朝建立以後，武士彠曾以「元從功臣」歷官工部尚書、揚州都督府長史、利州、荊州都督、等職，封應國公。

都督：中國古代軍事長官的官職。最初都督主管監督軍隊，後來發展成為地方軍事長官，又發展成為中央軍事長官。大都督是一品官，不常置，屬加官。加此官者，代表持有象徵天子威權的黃鉞。

武則天稱帝

武則天十二歲那年，父親武士彠去世，她和母親受到族兄的虐待。到了武則天年十四歲時，唐太宗李世民聽說她儀容舉止美，召她入宮，封為才人。唐太宗最初非常寵愛她，賜名「武媚娘」，但不久便將她冷落一邊。

公元六四九年，唐高宗李治即位，此後，武則天由才人升為昭儀，再升為皇后。唐顯慶末年，唐高宗患風眩頭重，目不能視，難於操持政務，皇后武則天逐漸掌握朝政，朝廷內外稱他們為「二聖」。從此，武則天成為掌握唐王朝實權的人，唐高宗則處於大權旁落的地位。

才人：中國古代宮廷女官的一種，通常兼作妃嬪。始設於晉武帝司馬炎，沿用至明代。唐代制度，才人初定為宮官之正五品，後升為正四品。武則天就曾做過唐太宗李世民的才人。上官婉兒也曾做過唐高宗李顯的才人。

公元六九〇年，武則天正式登上皇帝寶座，成為中國歷史上唯一的女皇帝，改國號為周。那一年，武則天已是六十七歲的老人。七〇五年，唐中宗李顯繼位，武則天還周於唐。當年十一月二十六日，武則天去世，臨終前留下遺詔：去帝號，稱則天大聖皇后。

皇澤寺二聖殿內景

在中國的歷史上，透過幕後操控或者垂簾聽政等手段，主持國家大權的女人不在少數，但她們當中，真正敢於堂堂正正從幕後走到台前、高坐皇位君臨天下的，唯有武則天一人。

傳說武則天逝後變成神仙，民間遂給她建廟命名「皇澤」，祈望她的「在天之靈」能澤被鄉梓。

武則天逝後成神當然只是民間的一種說法而已。事實上，皇澤寺創建於北魏晚期，原名烏奴寺，也叫川主廟，相傳是為了紀念李冰與二郎神，歷經北周、隋代、唐初的不斷發展，漸成規模。武則天建立武周政權以後，施脂粉錢修建當時已具規模的川主廟，並取「皇恩浩蕩，澤及故里」之意，改川主廟為皇澤寺。

李冰：戰國時代著名水利工程專家。被秦昭王任為蜀郡太守之後，李冰治水，立下奇功，建成著名的都江堰水利工程。其建堰的指導思想，就是道家的「道法自然」、「天人合一」。後世為紀念李冰父子，在都江堰修有二王廟。都江堰也成為著名的風景名勝。

據明代陳鴻恩所撰《皇澤寺書事碑》載：「皇澤寺相傳為武后創。」清代張邦伸《雲棧記程》中也說：「武后秉政，建皇澤寺於此。」

後蜀時，當地知府於公元九五九年對該寺進行改擴建，形成唐則天皇后武氏新廟。當時的皇澤寺，臨江是則天門、天后梳洗樓、樂樓即戲樓，還有彌勒佛殿、鐵觀音殿等建築。在此之後，皇澤寺屢遭毀壞，保存下來的建築基本上為清代建築。

知府：中國古代官名，又尊稱太守、府尊，亦稱黃堂。宋代至清代地方行政區域「府」的最高長官，唐以建都之地為府，以府尹為行政長官。宋升大郡為府，以朝臣充各府長官，稱以某官知某府事，簡稱知府。明以知府為正式官名，為府的行政長官，管轄所屬州縣。清沿明制不改。

皇澤寺的主體建築有大門、二聖殿、則天殿、大佛樓、呂祖閣、五佛亭等，寺依懸崖，下瞰江流，雕梁畫棟，錯落有致，氣勢不凡，頗有巴山蜀水之秀麗巍峨。

皇澤寺寺門

跨進皇澤寺的大門，首先看到的是二聖殿，大殿正中，供奉著二聖，也就是唐高宗和武則天。殿內左右兩側，塑有唐高宗、武周朝時期的九位著名大臣，分別是李勣、李義府、魏元忠、李昭德、狄仁杰、婁師德、張柬之、來俊臣和上官婉兒。

武后行從圖

二聖殿後，是則天殿，該殿始建於唐代，歷史上曾稱「武后真容殿」、「則天聖後殿」。與一般「民辦」的寺廟不同，皇澤寺這座由女皇御敕建造的「官辦」寺廟內沒有「大雄寶殿」，因此，則天殿就是皇澤寺的主殿。兩旁對聯為《華嚴經·序》摘句，對聯寫道：

金仙降旨大雲之偈先彰；

玉扆披襟實雨之文後及。

則天殿的殿內，有武氏家系圖。據史載，武則天的父親武士彠是太原文水人，曾相助於李淵，是唐王朝開國元勛之一，一直深受唐高祖信任，並成為唐高祖時期的朝廷重臣。

則天殿正中，立有中國唯一的武后真容石刻像。宋人《九域志》記載：武則天當皇帝後，「賜寺刻其真容」。

武后真容石刻像高一點八公尺，由整塊砂岩雕成。其形象方額廣頸，神態安詳，頭戴佛門寶冠，身著僧尼衣袍，肩披素帛，項飾珞圈，雙手相疊於膝，作法界禪定印。據說，這是武則天晚年之像，雖儼然佛家裝束，卻頗具人神兼備之氣。

武后真容像在後世曾遭劫難，被人從香案前推倒地下，將頭身分離。之後人們將其復原時，發現石像頸部比原造像短了一點五公分。加之衣飾彩繪褪色，更顯老態龍鍾了。所幸後人用金箔八百克為這尊則天真容像換上了金衣，愈見流光溢彩。

彩繪：在中國自古有之，被稱為丹青，常用於中國傳統建築上的裝飾畫。中國建築彩繪的運用和發明可以追溯到兩千多年前的春秋時代。自隋唐期間開始大範圍運用，到了清朝進入鼎盛時期，清朝的建築物大都覆蓋精美複雜的彩繪。

殿內有一尊武則天的石刻畫像碑，碑上刻著女皇頭戴冕旒，身著王服，雲環霧鬢，舞帶霓裳，是後世之人臨摹明代陳鴻恩所著《無雙傳》中之「金輪遺像」所刻，當是武則天為「王」時的神態。有一首古詩對其讚美道：

絕代佳人絕世雄，衣冠萬國冕旒崇；

鬚眉有幸朝宸下，宰輔多才到閣中。

六尺遺孤興浩劫，千秋高視仰豐功；

殘山剩水留纖影，依舊傾城醉雁鴻。

皇澤寺武氏家廟

則天殿還陳列有一塊《升仙太子碑》。其中的《升仙太子碑》是武則天於公元六九九年農曆二月初四，由洛陽赴嵩山封禪返回時，留宿於偃師縣緱山升仙太子廟，一時觸景生情而撰寫並親為書丹的。

封禪：封為祭天，禪為祭地，是指中國古代帝王在太平盛世或天降祥瑞之時的祭祀天地的大型典禮。遠古暨夏商周三代，已有封禪的傳說。古人認為群山中泰山最高，為「天下第一山」，因此人間的帝王應到最高的泰山去祭過天帝，才算受命於天。

皇澤寺五佛亭

《升仙太子碑》的碑文表面記述周靈王太子晉升仙故事，實則歌頌武周盛世。筆法婉約流暢，意態縱橫。碑額「升仙太子之碑」六個字，以「飛白體」書就，筆畫中絲絲露白。碑文三十三行，每行六十六字，行書和草書相間，接近章草書體。

碑文上下款和碑陰的《遊仙篇》雜言詩、題名等，分別出自唐代著名書法家薛稷、鍾紹京之手。歷代書法愛好者都視《升仙太子碑》為書法藝術珍品。

皇澤寺大門北側，有鳳閣、鐘樓，南側則有寫《心經》洞、武氏家廟和鼓樓。據說，武士彠出任利州都督後，為官清廉，政績卓越，頗得百姓愛戴，故特建廟紀念他。

武氏家廟內，塑有武則天全家像，正中是武士彠及後妻楊夫人，武士彠的原配是相里氏，相里氏去世後，唐高祖親自做媒，為其娶繼室，也就是隋朝王室宰相楊達之女楊氏，後封為榮國夫人。

右側是武士彠與原配相里氏所生的兩個兒子：武元慶和武元爽。左側是武士彠與楊夫人所生的三個女兒：長女名順，字明則，嫁越王府法曹賀蘭越石，生賀蘭敏之及一女而寡，後封韓國夫人，出入禁中，得幸於唐高宗，去世後又追封鄭國夫人。次女即武則天。三女史書沒有記錄名字，嫁郭孝慎，早卒不顯。

武氏家廟東南是鼓樓，東北是寫《心經》洞。唐代宗初年，書法家顏真卿為利州刺史，曾寫《心經》一卷，刻於此處，因此俗稱寫《心經》洞。

皇澤寺呂祖閣

寫《心經》洞區有造像，分布於巨石三面，共計十九龕，東面主要雕刻經幢和「六道輪迴」的內容；西面造像常年埋於土中，後來在修葺的過程中被發現，主要內容為三世佛及釋迦、多寶佛的題材。

南面的兩個洞窟為武則天的父母武士彠、楊氏開鑿，時間為公元六二八年，因此，這兩個窟可能是為武則天的出生祈福所開，窟內現存有武氏夫婦禮佛圖一組，彌足珍貴。

大佛樓又叫大佛石窟，原本無樓，是則天殿側依山摩崖造像石窟。該樓初建於清代道光年間，後因年久失修已坍塌，後又重新建造，懸「大佛樓」三個字匾額於樓上，於是便習慣上稱為「大佛樓」了。

匾額：古建築的必然組成部分，相當於古建築的眼睛，是懸於屏門上的牌匾。懸掛於屏門上作裝飾之用，反映建築物名稱和性質，表達人們義理、情感之類的文學藝術形式即為匾額。也有一種說法認為，橫著的叫匾，豎著的叫額。

大佛窟高七公尺，寬六公尺，深三點六公尺，開鑿於唐代中期。主佛阿彌陀佛，立於蓮台之上，左手曲舉胸前，右手施無畏印，體態雄健魁偉，表情莊嚴肅穆。

皇澤寺大佛樓

主佛左右侍立迦葉、阿儺二弟子。迦葉袒右肩，左手執香爐，右手握拳下垂；阿儺左手捻串珠，右手上舉，拇指中指相併。外側觀音、大勢至二位菩薩，都刻得眉目清秀，端莊慈祥。左右護法、金剛、力士等造像，可惜風雨剝蝕，已面目難辨，但所見一肢一臂，仍舊雄姿英發，形態不凡。

這座石窟內刻有一尊供養人像，在天下的「佛界」中再也找不出相同的面孔。他身著官服，頭戴唐制雙翅官帽，雙手合掌跪於佛前虔誠禱告，在大佛足下，顯得卑微而又渺小。據國畫大師張大千考證認，此「供養人」應為被廢之後的唐中宗李顯，因希求復帝，以取悅母后，正為其母祈禱之。

皇澤寺大佛窟

另一說法為章懷太子李賢。因李賢曾令史學家范曄詮譯《後漢書》，有影射皇權旁落之嫌而得罪於武則天，被廢為庶人；後李賢監造「皇澤寺」時，令石工將自己的像雕於大佛腳下以示懺悔請罪。

中心柱窟位於則天殿之上、大佛樓左側的中心柱窟，為皇澤寺造像年代最早的一處，也是四川地區唯一的中心柱窟。

中心柱窟又名塔廟窟、支提窟，深二點七六公尺，寬二點六公尺，窟約十三立方公尺，窟室方形平面，平頂略弧。窟中央立方柱，由窟底直通窟頂，三壁各開一大龕兩小龕。

中心柱是一根完整的石柱，又是一座造型精美的經塔，由塔基、身、頂三部分組成。第一、第二層四面各鑿一龕，龕中鑿一佛二菩薩三尊像。這些佛龕造像，刻法古樸，坐佛褒衣從正面敞開，下緣垂於台座下;左右侍立菩薩，髮作雙髻，長裙曳地，闊幅天衣於胸前作「V」形，交叉於雙肩成雙角若翼。

三面石壁上的三個大龕內，造一佛二弟子二菩薩，佛像身軀頎長，菩薩則面頤豐潤，通身無瓔珞，造像堅挺有力，富於體積感。三壁上部飾千佛，但三個大龕內的造像為後代改鑿。

皇澤寺石窟中心柱

皇澤寺不僅是中國唯一的武則天祀廟，寺內還保存開鑿於北魏至明清的六窟、四十一龕、一千兩百零三軀皇澤寺摩崖造像及其歷代碑刻，不僅有極高的文物價值，而且有極高的觀賞和研究價值，被譽為中華傳統文化的瑰寶。

碑刻：泛指刻石文字或圖案。最早的碑刻文字，首推秦朝的「石鼓文」，多數的碑刻有毛筆寫件藍本或書丹上石。但有些摩崖石刻及石窟，往往不經書寫而直接用刀在石面上雕琢。無底本的碑刻不容易揣摩書寫的筆法，即使根據真跡上石鐫刻，也常存在筆意走樣。

在皇澤寺館藏文物中，一組宋墓浮雕石刻無疑是中國宋代石刻藝術中的珍品，浮雕石刻共二十四塊，每塊長兩公尺，寬零點八公尺，都是由本地黃砂岩石刻成。根據墓內清理出來的買地券記載，製作年代當為南宋時期，其中最晚的一座宋墓也有近八百多年的歷史。

經過精心修葺，宋墓浮雕石刻被鑲嵌在總長二十八公尺，高四公尺，厚零點八公尺的照壁上。分成《四大神獸圖》、《戲劇演出圖》、《大典演奏圖》、《男女武士圖》、《孝行故事圖》、《墓主生活圖》、《花卉圖》等七大類。

《四大神獸圖》中，有東青龍、西白虎、南朱雀、北玄武四獸。相傳為威鎮四方，避邪榮昌之神獸。

青龍：中國傳統文化靈獸，以五行論，東為青色，故青龍為東方之神，亦稱「蒼龍」。龍是中華民族的圖騰，自黃帝授命於天，威澤四方，龍就成為中華民族乃至整個中國的象徵。東方傳說中，青龍身似長蛇、麒麟首、鯉魚尾、面有長鬚、犄角似鹿、有五爪、相貌威武。

《戲劇演出圖》和《大曲演奏圖》共七幅，圖中男伎身著圓領長衫繫腰帶，頭戴軟帽或硬翅冠，正手舞足蹈表演著；女伎或挽髮髻或扎小辮，或罩長披或著短衫，手執擅板、橫笛、豎簫、蘆笙、嗩吶、三弦、手鼓、腰鼓、扁鼓，馬鑼、桶鼓等站立演奏著。個個形態各異，生動風趣。

《男女武士圖》中，人像高約一點四五公尺到一點五一公尺，男武士戴頭盔，穿虎頭鎧，手執長鉞，濃眉亮目，威武而怒。女武士頭戴女冠，身著軟甲戰袍，手執長鉞，眉目傳神，肅穆端莊。在出土宋墓中尚屬唯一發現。

《孝行故事圖》中，共有五幅，均取材於《二十四孝》中的「王祥臥冰」、「孟宗哭筍」、「喬莊打柴」、「董永別妻」、「扼虎救父」等孝行故事，意在宣揚孝道，弘揚傳統。

皇澤寺宋墓浮雕石刻

《墓主生活圖》中，有《抬轎圖》、《椅轎圖》、《牽馬圖》、《庖廚圖》、《夜夢圖》、《唸佛圖》、《焚香圖》、《飛壺酌酒侍宴圖》等。其中的《飛壺酌酒侍宴圖》令人見之不忘，在一張輔有桌圍的桌子上，置執壺、瓜果、食盒等，但無侍者，酒壺懸空，似有隱身人在酌酒於杯似的。構思奇巧，引人妙思。

執壺　最初的造型是由青銅器而來，南北朝早期的青瓷當中，已經完成這種執壺的造型。其後成為唐宋兩代的一種金銀器酒具，很容易從唐宋繪畫上看到。

《花卉圖》中，是石刻牡丹、芍藥、蓮花，顯示墓主的高雅和富貴，具象徵意義。

皇澤寺大佛窟佛像

這批宋墓石刻不僅具有較高的觀賞價值，而且也是研究宋代社會風俗、文化藝術、宗教傳統，道德理念等最寶貴的實物資料。

《蠶桑十二事圖》碑也是皇澤寺中保存的珍貴碑刻。相傳在清代嘉慶年間，廣元有一縣令名曾逢吉。此人乃湖北京山人氏，舉人出身，清嘉慶年間的公元一八一二年以軍功，授昭化縣令。

曾逢吉赴任後深入民間探索富民之道，號召縣民植桑養蠶，頗有政績。逐漸得出植桑養蠶致富之理。四年後曾逢吉調任廣元縣令，一如既往地倡導栽桑養蠶，並對全縣每株桑樹逐一造冊登記，頒行只能增植，缺一補一，嚴禁砍伐的縣規。在他的苦心經營下，廣元境內所有道路兩旁皆桑樹成蔭，綠色夾道。

公元一八二七年，曾逢吉升任松潘知州，臨行前，趕繪出這套連環畫般的石刻《蠶桑十二圖》碑，告誡當地百姓及繼任縣令不要荒廢了植桑養蠶造福百姓的事業。

《蠶桑十二事圖》碑高一點三公尺，全長五點八公尺。首圖繪有嫘祖依馬小憩，一隻蠶蟲在桑枝上懸絲墜向嫘祖頭頂，此圖取材於嫘祖與白馬的傳說。

傳說上古時代，嫘祖之父是一部落酋長，不幸在一次外出狩獵中與外敵發生戰鬥，酋長戰敗被俘。嫘祖得知消息後萬分著急，召集部落眾人商議救父之策，並當眾許下諾言，誰救回嫘父者，她當嫁他為妻，但是部眾均無良謀。

然而酋長家的大白馬聞言，卻長嘯一聲脫韁而去，傍晚時分馱回嫘父。可在之後的幾天裡，白馬不吃不喝，嫘父甚怪。問之眾人，嫘祖遂談及許諾救父配婚之語。嫘父聞言大怒，說：「人畜焉能配婚？」遂斬殺白馬，剝皮曝曬於烈日之下。

可剛將馬皮曬出，突然狂風陡起，馬皮與嫘祖被一同捲上天空，爾後一聲雷響，嫘祖化為一隻蠶蟲，悠然從天上懸絲而下，而埋入土中的白馬骨骸漸漸長出一棵大樹，蠶蟲懸掛樹上，以葉為食，吐絲作繭。這樹後人叫它傷心樹或桑樹，寓意嫘祖那一段傷心的往事。

《蠶桑十二事圖》碑中，《選桑椹》、《種桑》、《樹桑》、《條桑》四幅圖，展現中國清代培植桑樹的情景。《窩種》、《種蠶》、《餵蠶》、《起眠》、《上簇》、《分繭》、《醃蠶》、《繅絲》八幅圖，展現清代人養蠶、繅絲、紡織的全過程。這組石刻圖碑的拓片被廣泛收藏，成為中國十分珍貴的史料實物和古代科普的創作藝術瑰寶。

皇澤寺大佛窟佛像

在皇澤寺，有兩通看似平常，但卻十分難得的碑石，是後蜀公元九五九年所刻的《廣政碑》和清代公元一二八六年廣元路總管府總事王世明立石的《廣元府記碑》。

其中的《廣政碑》是研究「皇澤寺」歷史較早的實物資料，也是考證武則天出生於廣元的重要證據。要點有二，一是因為此碑上明確寫有「皇澤寺」這個名稱，比北宋《元豐九域志》記載要早一百二十餘年；二是碑文中有「天后武氏其人也，事具實錄」句，表明武則天是在其父親任利州都督期間，生於廣元。

《廣政碑》的碑文還記載唐五代時期，武則天已被當地人當作神明膜拜，一遇災事「軍民祈禱於天后之廟，無不響應」，以及當時建寺規模、廟產等情況。後來，祈求武后賜福這樣一種民間的自發祭祀活動，演變為在武則天生日那天即「正月二十三，婦女遊河灣」的廣元民俗，也是廣元現在每年九月一日「女兒節」的由來。由此可見此碑的價值非凡。

每年的農曆正月二十三，皇澤寺都要舉行廟會，廣元人民要去皇澤寺前烏龍潭一帶划舟競渡、遊河灣，以此紀念武則天的生日。

《廣元府記碑》碑高二點六公尺，寬一點三八公尺，厚零點二四公尺。原碑存於舊縣衙，後被移入皇澤寺保存。碑文中，有「全蜀咽喉，古今要地，山川神秀，而歷代設置營建以及官制統屬。仰嘗求廣元之義，其在易則日廣大配天地，其在春秋則謂一為元；今天下一統，其亦廣元二字有以聞其先乎？……至元二十六年六月記」的記載，從中可略知「廣元」這一地名的由來。據清代乾隆年間《廣元縣志》記載：

今上皇帝龍飛之十八年至元丁丑廣元路從學教授章霆撰文廣元路總管府知事王世明立石。

《廣元府記碑》碑文已無從辨認，所幸清代乾隆年間的《廣元縣志》錄有該碑文，為後人留下一篇瞭解廣元歷史沿革的可貴史料。

閱讀連結

據傳說，武則天執政時，有一天心血來潮，想為自己取一個好字，可是思索了好幾日，還是沒有找到最合適的，就決定向天下文人徵求最吉利的字，於是一張徵求御字的榜文貼到了長安城牆上。當時有一個少林寺和尚叫明空，把皇榜揭了。他見了武則天，說道：「我這個字，字典裡沒有。」於是寫了一個「曌」字，並說：「日月當空普照大地，就叫照吧！」武則天聽了大喜，賞賜明空十萬兩銀子重建少林寺。明空和尚歡歡喜喜地回少林寺去了。

後來，武則天做了皇帝，還為這個字作一首打油詩：「日月當空曌，則天長安笑；一朝作皇帝，世間我最傲。」

武則天祖籍地的則天廟

武則天的母親楊氏出身於隋王朝皇室，楊氏的父親是隋觀德王楊雄之弟遂寧公楊達。相傳當武則天還在襁褓中時，當時的著名相士袁天罡有一次見到楊氏，便對她說：「夫人法生貴子！」

武則天故事——袁相識面

楊氏聽了這話，便把兩個兒子武元慶、武元爽領出讓袁天罡相面。可是袁天罡一看說可以官至三品，只不過是能保家的主兒，還不算大貴。

武則天故事——楊氏奇夢

楊氏又喚出武則天的姐姐讓袁天罡相，袁天罡稱「此女貴而不利夫」！

最後由保姆抱出穿著男孩衣裳打扮的武則天，袁天罡一見襁褓中的武則天大為震驚，說她「龍瞳鳳頸，極貴驗也」！

果然，武則天後來於公元六九〇年正式登上皇帝寶座，成為中國歷史上唯一的女皇帝。

武則天掌管朝政之後，任用很多賢臣來治理天下，在歷史上以知人善任著稱，武則天一朝號稱「君子滿朝」，婁師德、狄仁杰等著名的賢臣均在其列，後來的「開元賢相」姚崇和宋璟也是由武則天提拔起來的。

狄仁杰：（公元六三〇年至七〇〇年），字懷英，並州人，唐代著名政治家。狄仁杰為人正直，疾惡如仇，心繫民生，政績卓著。在他身居宰相之位後，輔國安邦，對武則天弊政多所匡正。狄仁杰在上承貞觀之治，下啟開元盛世的武則天時代，做出了卓越的貢獻。

武則天善於用人還體現在她在用人制度上的改革和創新。她改革科舉，提高進士科的地位，舉行殿試，開創武舉、自舉、試官等多種制度，讓大批出身寒門的子弟有一展才華的機會。

武則天故事——少年入宮

武則天在登基之初，就在洛城殿對貢士親發策問，派遣十名「存撫使」巡撫諸道，推舉人材，一年後共舉薦十餘人。

武則天對有才能的人不問出身，全部加以接見，量才任用，或為試鳳閣舍人、給事中，或為試員外郎、侍御史、補闕、拾遺、校書郎，中國古代試官制度自此始。時人有「補闕連車載，拾遺平斗量，把推侍御史，腕脫校書郎」之語。

武則天雖對有才能的人許以官位，但對不稱職的人亦會加以罷黜。由於她明察善斷，賞罰分明，當時的人也樂於為她效力。

武則天還進行文化改革，在文化上創造一個「自我作古」全新的時代，其標誌就是創造中國歷史上特有的「則天文字」。

則天文字或稱則天新字，也稱武后新字，是武則天所首創的漢字總稱，在今天看來屬於異體字範疇。按照漢字的六種構造條例「六書」來劃分，這些字都屬於象形和會意字。

六書：漢字造字方法。漢代學者把漢字的構成和使用方式歸納成六種類型，即象形、指事、會意、形聲、轉注、假借，總稱六書。六書說是最早關於漢字構造的系統理論。六書是後來的人把漢字分析而歸納出來的系統。有了六書系統以後，人們再造新字時，都以該系統為依據。

由於武則天的影響力，則天文字不但在中國本土流傳了十五年，還有部分則天文字傳到日本、韓國，甚至成為某些日本的人名用字。

雖然如今的則天文字已成為死文字，除文史研究外，日常生活中已不再使用，但仍然保存下來而沒有消失。

由於武則天對歷史做出過巨大貢獻，後人有許多關於她的紀念活動，其中山西文水的則天廟，就是祭祀武則天的重要場所之一。

這裡需要說明的是，由於歷史文獻對武則天的出生地記載不統一，造成武則天出生在不同地區的歷史困惑。關於她的出生地主要有三處不同的說法。

武則天故事——月冷燈孤

一是四川廣元說。其主要依據是皇澤寺的《廣政碑》，此碑是考證武則天出生於利州即廣元的重要證據，表明其父武士彠任利州都督期間，武則天生於廣元。同時，廣元民間傳說正月二十三為武則天生日，因而有法定的每年九月一日為「廣元女兒節」，以此紀念武則天的誕生。

武則天故事——榮歸省親

二是山西文水說。山西文水是武則天父親武士彠的祖籍所在，而中國人歷來有認祖歸宗的籍貫情結，所以在文水建有祭祀武則天的則天廟。另外，依據正統史書《舊唐書》、《新唐書》、《資治通鑒》上的記載，這三部中國歷史上的重要文獻口徑一致地記載武則天為「并州文水人」（并州為山西太原的古稱）。

三是陝西長安說。陝西長安為唐王朝國都，武則天的父親武士彠為建立李唐王朝立下汗馬功勞，唐開國後被封為工部尚書等職。所以「武則天出生在陝西長安」就成了眾多歷史學者認定的有力證據。

其實，在中國各地為歷史傑出人物建廟立祠並不少見，所建祀廟祠堂大多以紀念其創下的豐功偉績或名士風流之事跡，還有就是因其生於斯而建的紀念殿堂。先不管武則天出生在哪裡，人們在山西文水建則天廟祭祀武則天確為事實。

則天廟位於山西文水縣城北五千公尺處的南徐村北面，西傍呂梁山，東靠文峪河，是一處山清水秀的名勝地。此廟於坐北向南，規模不大，軸線上從北到南有正殿、樂樓、雕像、山門；兩翼建築有偏殿、配殿、碑廊、魚池、回音亭等三十多間殿宇，占地面積約二點六萬平方公尺。院內柳樹成蔭，花草遍地，以武則天的特定身分名揚天下。

山門：意為寺院正面的樓門，是寺院的一般稱呼。過去的寺院多居山林，故名「山門」。通常寺院為了避開市井塵俗而建於山林之間，因此稱山號、設山門。山門一般有三個門，所以又稱「三門」，象徵「三解脫門」，也就是「空門」、「無相門」、「無作門」。

則天廟始建在唐天寶年間的公元七四七年之前，清初改名為「水母廟」，或稱「則天水母廟」，後來恢復「則天皇后廟」的名稱，現為「則天聖母廟」。

則天廟為何改名為「水母廟」？其中的一個說法是，宋代以後至明清執政者對武則天謾罵最甚，故官方把她的把廟改掉以示貶責。

則天聖母廟

還有一種說法是武則天與水有關。南徐村附近有條小河稱為泌水，是從武氏深井自流而成，千百年來澆灌農田數百頃，造福一方。因此，人們把這一井泉稱為神福泉，認為是則天聖母賜給家鄉的福水，所以改則天廟為水母廟，或稱「則天水母廟」。

相傳，則天廟原計劃建於泌水源頭，正當人們作好地基立起梁架時，一夜大風，把全部木架刮到村子西北。村裡人見此情景驚恐萬狀，知縣看後也百思不得其解。正在大家疑惑之時，走來一位鶴髮童顏的方士，他說：「神皇一朝天，修廟該占乾。」在場人等如夢方醒，於是決定齋戒三日，並正當乾位就地建廟，即則天廟現址。

方士：即方術士，或稱為有方之士，用現在的話說，就是古代的科學家。一般簡稱為方士或術士，後來則叫做道士。道士之稱始於漢代，《漢書·五行志》中說：「道士始去，茲為傷。」是東漢以來，始將方士叫做道士。晉代以後，方士之稱漸不通行，改稱道士。

保存下來的則天廟正殿為金代皇統年間的公元一一四五年建築，但在殿內與頂部仍保存一對唐代金柱與部分唐瓦唐磚。正殿是廟內建築群的中心，面闊三間，進深三間，單檐歇山頂。

文水則天廟廟門

殿內梁架建造中，採用三角形組合與槓桿原理，分散頂部對大梁的壓力，故大梁跨度很大，經數百年承受壓力而未見彎曲，整座建築被專家評為唐宋建築中的傑作。

文水則天廟內武則天塑像

則天廟正殿在營造法式上採用減柱造，殿內只有兩根柱子巧妙地用在神龕後側。梁架，斗拱以及檐下門窗，門墩石雕等，全為金代原制，使大殿顯得寬敞舒適。頂部坡度平緩，出格較大，保存唐代建築的風格。板門上部「金皇統五年」刻字尚存，是殿宇建成年代。

斗拱：亦作「斗栱」，中國建築特有的一種結構。在立柱和橫梁交接處，從柱頂上的一層層探出成弓形的承重結構叫拱，拱與拱之間墊的方形木塊叫斗。兩者合稱斗拱。也作枓拱、枓栱。由斗、栱、翹、昂、升組成。斗拱是中國建築學會的會徽。

正殿內神龕屬宋金時代的構件。前部斗拱製作華美，神龕上方有一條懸塑走龍。它頭小頸細，舉步向前，回頭顧後，造形生動優美，是武則天以女人身分登基稱帝的典型象徵。

在八卦中，乾為天，坤為地。將其推演於家庭之中，則父為乾，母為坤。武則天稱帝為真龍天子，但她又是位母親，位占坤地，所以這裡塑的是一條在地上行走的真龍。

武則天彩塑像頭戴金色鳳冠，身穿雲紋霞帔，懷抱如意，端坐龕中。寬額廣頤，面目慈祥，一副含蓄的表情，像在與民同樂。

則天廟舞台是一座卷棚頂式的明清建築。在舞台內壁上，保存了清代後期戲劇演出題記七十一條。這些題記出自演員之手，字跡潦草，章法也差，但卻真實地反映晚清這一地區戲劇活動的真實面貌。

從這些題記中可以知道，當時在山西中部的汾陽、祁縣、太谷、平遙、清源、文水、介休、孝義八縣中，至少有三十四個戲劇團體，演出劇目最少有七十一個。這些題記是研究地方戲劇史的珍貴資料。

舞台南面正對山門的是武則天雕像。該雕像取中年女政治家的身態，不穿袞袍，不戴冕冠，鳳冠與龍釵都是縮小比例的象徵性頭飾，以顯露其面部與體態美，總高五公尺，台高四公尺，台基邊長九點九公尺。

除此之外，廟內還有武則天的政績陳列、武則天家族的史料陳列，以及與武則天有關的名勝古蹟陳列。在這裡，人們不僅可以看到一個時代傑出女政治家的不朽業績，還可以看到她留下的文化遺產，彌足珍貴。

閱讀連結

唐高宗駕崩後，作為才人，武則天居感業寺為尼。在感業寺，武則天寫下一首情詩《如意娘》：「看朱成碧思紛紛，憔悴支離為憶君。不信比來長下淚，開箱驗取石榴裙。」這首詩寫得情真意切，表達了武則天對唐高宗的情思。

武則天和唐高宗是真心相愛，很有感情的。他們既是夫妻，也是政治夥伴，甚至一開始，他們就準備死後葬在一起。在唐高宗駕崩後，武則天寫的祭文情真意切，要求一定要和唐高宗合葬。他們的墓是按照合葬墓的規格建造的。從愛情的角度來看，《如意娘》這首詩是武則天的真情告白。

包公祠——清官祭祀

包公即包拯，曾以龍圖閣直學士權知開封府，因不畏權貴，不徇私情，清正廉潔，當時流傳有「關節不到，有閻羅包老」的讚譽。包公一生清正廉潔，剛正不阿，一直是老百姓心目中崇高的清官形象。政治清明時，人們固然懷念他；世道衰敗時，老百姓更加懷念他。

龍圖閣：宋代閣名，宋真宗紀念宋太宗的專門宮殿。收藏有宋太宗御書、御製文集、各種典籍、圖畫、寶瑞之物，以及宗正寺所進宗室名籍、譜牒等。北宋包拯曾任龍圖閣直學士，故民間戲曲小說中以「包龍圖」稱之。

包拯是中國老百姓心中的青天，從南到北，全國許多地方都懷念包公，歷代文人寫了不少頌揚包拯的詩詞，用詩歌來歌頌他的剛正不阿和清正廉明，表達對他的景仰之情。雖然世事變幻不定，然而，人們對於包公的懷念卻是永遠的。

古都開封城內的包公祠

在中國大宋王朝的第四十個年頭，安徽合肥一家包姓望族誕生一個胖小子，是全家盼星星盼月亮才盼來的一脈單傳，名為包拯。作為獨生子，父母對他寵愛備至，他的童年幸福得像花兒一樣。

開封包公祠內包公蠟像

包公祠內包公辦案蠟像

包拯自幼接受良好的儒家教育，逐漸成長為一名有志青年。在求取功名的道路上，他在十九歲那年中了進士甲科，被任命為大理評事、建昌縣知縣，後來奉調入京任開封府尹。

在當時，平民告狀都得先透過門牌司才能上交案件，時常被小吏訛詐。包拯一上任就改革訴訟制度，處置惡吏，裁撤門牌司，為百姓大開方便之門。

在開封府任期，包拯不僅斷案英明，而且還是一個實幹家。不到兩年，就被任命為三司使，負責全國經濟工作。在經濟改革方面，他展現出過人的天賦，比如改「科率」為「和市」，即朝廷按照公平價格購買農民要繳的上供物資。他還免除部分地區「折變」，即廢除農民將糧食變成現錢納稅的規定等措施。由於開展經濟工作卓有成效，兩年後，包拯被提拔為樞密副使。

包公祠照壁

然而，這時的包拯已經是六十三歲的老人。宋仁宗時代相對和平，樞密副使這個職務也許是皇帝對包拯的一種榮譽回報。

一年之後，包拯病逝，首都開封的老百姓莫不悲痛，皇帝親自到包家弔唁，並宣布停朝一天以示哀悼。當宋仁宗看到包家如此儉樸，又聽聞他「居家儉約，衣服器用飲食如初宦時」，不禁感慨萬分。北宋著名政治家、文學家、史學家歐陽修曾說，包拯「少有孝行，聞於鄉里；晚有直節，著在朝廷」，這個評價是準確的。

歐陽修：（公元一〇〇七年至一〇〇二年），字永叔，號醉翁、六一居士，北宋政治家、文學家，在政治上負有盛名。後人又將其與韓愈、柳宗元和蘇軾合稱「千古文章四大家」。與韓愈、柳宗元、蘇軾、蘇洵、蘇轍、王安石、曾鞏被世人稱為「唐宋散文八大家」。

包拯純樸平實、剛直不阿、疾惡如仇、愛民如子，同時他不苟言笑、太過較真、不會處世、人緣不好。然而，他卻成為中國歷史上崇高與正義的化身，一個至忠至正、至剛至純的清官標誌與忠臣樣本，一個被歷朝官方推向神壇，又被歷代老百姓奉為神明的「包青天」。

人們永遠懷念包拯，在中國的文學作品和民間相傳的故事當中，衍生出很多關於他的故事。在中國戲曲史上，沒有一位官吏能夠像包拯那樣，如此頻繁地出現在歷代的戲劇舞台上，久演不衰，並且成為一類非常獨特的戲劇通稱，即「包公戲」。

戲劇中的包公，不等同於歷史上的真實人物包拯，而是改編自文學包公的理想化形象。包公既是一位清正廉明、鐵面無私、心智過人、執法如山的清官，又是一個半神半凡的超人。

除了戲劇形象外，自金、元以來，開封就建有包公祠，以紀念這位先賢。包拯在開封府時，倒坐南衙開封府，抑強扶弱、鐵面無私，為百姓伸張正義，成就一個古今中外、婦孺皆知的美名包青天。

開封包公祠是目前世界上規模最大、資料最全、影響最廣的紀念包公場所。坐落在開封城內碧波蕩漾、風景如畫的包公湖西畔，是一組典型仿宋風格的建築群。氣勢宏偉，凝重典雅。

包公祠二門

包公祠占地一公頃，為白牆青瓦構築的封閉式三合院，祠內主要建築有大門、二門、照壁、碑亭、二殿、迴廊、大殿、東西配殿。

進入大殿內，高三公尺多、重達二點五噸的包公銅像引人注目，只見他蟒袍冠帶，正襟危坐，一手扶椅，一手握拳，彷彿要拍案而起，一身凜然正氣，是集歷史性、思想性、藝術性於一體的包公寫照。兩旁陳列反映包公真實生平和清德美政的歷史文物與典籍。

二殿展有包公的出仕明志詩，開封府題名紀碑，包公家訓，包公書法手跡，墓誌銘等。包公在出仕明志詩中開篇寫道：

清心為治本，直道是身謀。

墓誌銘：一種悼念性的文體，是古代文體的一種。通常分為兩部分：第一部分是序文，記敘死者世系、名字、爵位及生平事跡等稱為「誌」；後一部分是「銘」，多用韻文，表示對死者的悼念和讚頌。

此語開宗明義，使一個大義凜然、正氣沖天的包公形象躍然紙上。包公家訓也是二殿的重要內容。包公晚年在家訓中寫道：

後世子孫仕宦有犯贓濫者，不得放歸本家，亡歿之後，不得葬於大塋之中。不從吾志，非吾子孫。

這更充分反映出包公嫉惡如仇、清廉傳家的高貴品質。

包公祠二殿

包公祠碑亭

開封包公祠原有一通《開封府題名記》碑，現存於開封市博物館，碑高兩百一十四公分，寬九十六公分，厚二十四公分。碑上刻有北宋開國以來，共一百四十六年、一百八十三任開封府尹的姓名和上任年月。

北宋時期，各級官廳亦各自立有本廳歷任官員題名碑，這是個簡單的流水帳，記的就是官員姓名官職到任和離任日期。這種「流水帳」，西晉時就已經出現，到了北宋，更為盛行。

北宋著名政治家司馬光在《諫院題名記》中說，這樣做可使後人「歷指其名而議之，曰某也忠，某也詐，某也直，某也曲」，對官員是一種警誡。對貪瀆者，老百姓指著名字大罵像被人戳脊梁骨，有點廉恥的人都不會好過。對盡責者，老百姓的指名褒獎也是道德教化的一種。

《開封府題名記》碑顯然實現一定的道德教化作用。據文獻記載，北宋時包公備受敬仰，男女老少皆知其名。南宋時，他在碑上的名字被仰慕者觸摸得「指痕甚深」。歷經元明清民國，指痕更深，變成「小坑」，名字不存。包公名不在碑而有口皆碑，民心燭照，足以激發後代官吏勤修德政。

包公祠內包公斷案蠟像

元代詩人王惲賦詩贊曰：

拂拭殘碑覽德輝，千年包范見留題。驚烏繞匝中庭柏，猶畏霜威不敢棲。

王惲　（公元一二二八年至一三〇四年），字仲謀，號秋澗。元代著名學者、詩人、政治家，一生仕宦，剛直不阿，清貧守職，好學善文。是元世祖忽必烈、元裕宗皇太子真金和元成宗鐵木真三朝諫臣。代表作有《讚頌題名碑》、越調平湖樂、雙調沉醉東風及《秋澗先生大全文集》一百卷。

此詩頌揚包公和范仲淹的盛德和威名光耀千古，把貪官汙吏比作可惡的烏鴉，即使千百年後，見其碑猶如見二公其人。

王惲看到石碑時，包公的名字還在，其正氣「霜威」，仍然能夠震懾貪瀆。直到今天，開封民間仍然有傳說：「如果你不是貪官，用手指觸摸包拯的名字，手指就不會發黑。如果是貪官，觸摸後手指就會黑。」

《開封府題名記》碑可補史料空缺和糾史之謬誤，比如有多人是正史無相關記載而在開封府任職者，石碑補充以上史傳的不足，是極有意義的。

此類文物在全國並不多見，是研究宋史、開封地方史志珍貴的實物資料。它不僅是開封市寶，在中國「國寶」級石刻中也應佔有一定地位。

開封包公祠東西展殿則以圖文並茂的形式，展示包公的傳說逸聞、歷史故事。特別是東殿的群組蠟像《鍘美案》與真人大小一樣，色彩鮮明、形神俱備、毫髮畢現、栩栩如生，備受人們的讚揚。

開封包公祠全面地展示包拯的高尚人格、清德美政、清廉家風及對後世的深遠影響。欣賞之餘，更使人加深對包公那跨越時空的敬仰之情。

閱讀連結

關於包拯斷案的故事，後人演繹的成分較多。這些故事大都反映出人們對包拯這一重要歷史人物的緬懷。

相傳包拯快出生時，其母照常去附近的鳳凰山砍草。一天，包母感到肚痛，自知臨產，急忙回家。哪知每走幾步，肚子就痛一陣，每痛一次，就要蹲下一會兒。大約走了一里，痛了十三次，蹲了十三次。並且在蹲過的地方冒出包墩。這就是當地地名「一里十三包」的由來。

合肥大興集的包公孝肅祠

相傳宋仁宗封包公為龍圖閣大學士的時候，還將半個廬州城賞賜給他，誰知包拯卻說:「臣做官是為國家和黎民百姓，不是為了請賞，所以我不要。」

合肥包公孝肅祠大門

宋仁宗聽了暗暗稱讚，覺得一點不賞賜，心裡過意不去，於是就說:「那就把包家門前那段人工河賞賜給你吧！」

合肥包公孝肅祠包公斷案蠟像

包拯想，河不比田地，不好分，不好賣，富不了，也窮不盡，就謝恩接受了。說也奇怪，世上的藕，絲都很多，而且藕斷絲連，可是包河裡的藕，絲卻很少，人們說：這是因為包公無私的緣故。於是人們也將這條河叫做包河了。

包拯病逝後，人們在公元一〇六三年將之葬於合肥大興集。為了懷念這位公正廉明的「青天」，人們就在這裡修建祀廟。到了明弘治年間的公元一四八八年，廬州知府宋鑒在祀廟東段的一個土墩上修建包公書院，故名為包公祠。土墩又叫「香花墩」、「包墩」，傳說是包拯少年時讀書的地方。《廬州府志》中稱：

香花墩，在城東南門外濠中，是包公青少年讀書處，本為公祠，蒲葦數重，魚鳬上下，長橋徑渡，竹樹陰翳。

包公孝肅祠的正堂

明朝弘治初年，廬州知府將原來島上的小廟拆除，改建為「包公書院」，並稱小島為「香花墩」。到明嘉靖時期，書院得以重修，改名「包孝肅公祠」。包公孝肅祠占地一公頃，由大殿、二殿、東西配殿、半壁廊、碑亭組成。風格古樸，莊嚴肅穆。祠內展有豐富的文物史料。

包公孝肅祠兩側外廊門拱上刻有「廉頑」、「立懦」四個醒目大字，在「包孝肅公詞」大匾下黑漆大門上，書有紅底金字的對聯，上聯是「忠賢將相」，下聯是「道德傳家」。

包公孝肅祠的正堂，供奉檀木雕刻的包公彩繪像。包公白面、長髯、儒雅、端莊，坐於神壇上，左立捧印文官，右立持劍武吏，案几上放著令箭、硃筆、虎頭簽、驚堂木等，彷彿升堂在即。令人頗感興趣的是，這個包公並非黑臉，而是一個白面儒生，額頭也沒有日月陰陽眼，或許這才是「包拯」真實的尊容。

驚堂木：也叫醒木、界方、撫尺。一塊長方形的硬木，有角兒有棱，使用者用中間的手指夾住，輕輕舉起，然後在空中稍停，再急落直下。也是古

時縣官用它舉起拍於桌上，造成震懾犯人的作用，有時也用來發泄，讓堂下人等，安靜下來。

正堂內除了包公雕像，還有王朝、馬漢、張龍、趙虎四大護衛的站立塑像。正上方懸掛的是李瀚章所寫「色正芒寒」的橫匾。左邊是清乾隆年間廬州知府肖登山所題「節亮風清」的匾額，右邊是光緒年間左錫旋所題「廬陽正氣」的匾額。

大堂右側擺有三把銅鍘：龍頭鍘、虎頭鍘、狗頭鍘，寒氣逼人。

包公孝肅祠正殿之西的回瀾軒，東、北臨水，古時為官宦、文人避暑飲宴之處。回瀾軒又名包公歷史文化長廊，是遊人瞭解真實包公的好去處。長廊裡以甌塑、碑刻、書畫、刺繡、彩繪木雕等多種工藝集為一體，還有反映包公活動的壁畫。向遊人展示包公「忠、孝、廉」的一生。

包公孝肅祠廉泉

包公孝肅祠西南之流芳亭，相傳包公幼年時常來此讀書，故建亭以為紀念。後來建築物被毀，公元一九八一年重新仿建。

包公孝肅祠東南角的廉泉亭，亭中有井，亭內石壁上刻有清末舉人李國葦根據傳說寫的《香花墩井亭記》。此記中說，曾經有一個太守喝了這裡的泉水，頭痛欲裂，原來他是個貪官；而幾位舉人飲了此水，頓覺水甜如蜜，原來他們都是好人。故此井名為「廉泉」。

包公墓園大門

舉人：指被薦舉之人。漢代取士，無考試之法，朝廷令郡國守相薦舉賢才，因以「舉人」稱所舉之人。唐、宋時有進士科，凡應科目經有司貢舉者，通謂之舉人。至明、清時，則稱鄉試中試的人為舉人，亦稱為大會狀、大春元。中了舉人叫「發解」、「發達」。習慣上舉人俗稱為「老爺」，雅稱則為孝廉。

此外，包公孝肅祠裡還有「直道坊」和「清心亭」，此乃包拯《題郡齋壁》裡的詩句：「清心為治本，直道是身謀」，他認為清廉是治世的根本，正直是為人的準則。所以包公祠不僅是一個很有特色的遊覽勝地，又是寓教於遊的好地方。

在包公孝肅祠內有一塊引人注目的刻石，是從包拯墓中清理出來的「宋樞密副使贈禮部尚書孝肅包公墓銘」刻石。「贈」為人去世後的受封。原墓銘和三千字的墓誌碑現都存於安徽省博物館。這塊墓銘較《宋史·包拯傳》更為詳細地敘述了包拯的一生，可以作為補史，極為珍貴。

禮部尚書：中國古代官署。南北朝北周始設。隋唐為六部之一。歷代相沿。長官為禮部尚書。是主管朝廷中的禮儀、祭祀、宴餐、學校、科舉和外事活

動的大臣，明清時期為從一品。禮部一般設有：尚書一人，正二品；侍郎一人，從二品。郎中四人，員外郎四人，主事若干人。

墓銘中記敘包拯好幾件鐵面無私、剛直不阿的事跡，其中有這樣兩件，說包拯在其家鄉任廬州知府時，性情峭直，「故人、親黨皆絕之」。

在當時，包拯的一位親戚犯了法，被人告到府裡，包拯鐵面無私，依法處治，打他一頓大板；張堯佐是宋仁宗的寵妃張貴妃的叔父，無德無能，僅憑親戚關係，宋仁宗一次就授予他四個軍政要職。

針對宋仁宗的任人唯親，包拯專門上了一篇《請絕內降》的奏疏。以後他又接連上奏疏數道，認為這是「兆亂」之舉，進而闡述「大恩不可以頻假，群心不可以因違」的道理。

由於包拯的據理力諫，終於使宋仁宗「感其忠懇」，不得不削去張堯佐的兩個要職。

包公孝肅祠與包孝肅公墓園相連。包孝肅公墓園位於合肥舊城牆外側包河南畔林區，園內面積一千兩百平方公尺，墓園內安葬包拯及其夫人、子孫的遺骨。

包公墓誌銘

包拯曾言，「後世子孫仕宦有犯贓者，不得放歸本家，死不得葬大塋中」，因此就有所有「不肖子孫，不得入墓」的傳說。

包公孝肅祠內的包公家族墓園照壁

包孝肅公墓園格局別緻，主副分明，方正嚴謹中富有變化。墓園的主體建築和附屬建築堂、亭、室、闕，均以宋代二品官葬制設計，一磚一石一瓦完全符合宋代建築質地與規格要求。

整座墓園四周還有院牆圍護，園內各處皆有神道貫通，建築群落隨形就勢，滿園蒼松翠柏，芳草如茵，古樸幽靜。不少建築上還有百餘位書法名家書寫的匾額、楹聯裝點，更增添墓園的歷史氛圍和文化底蘊。

楹聯：又稱對聯或對子，是寫在紙、布上或刻在竹子、木頭、柱子上的對偶語句，其對仗工整、平仄協調、字數相同、結構相同，是一字一音的中文語言之獨特藝術形式。對聯相傳起於五代後蜀主孟昶，是中華民族的文化瑰寶。

包孝肅公墓園由主墓區、碑廊、附墓區、地下墓室等組成。

穿過墓園大門，先映入眼簾的是大型照壁。照壁高四點二公尺，寬十點二公尺，上刻有「包孝肅公墓園」六個蒼勁有力的楷書大字，為著名書法家方紹武所書。照壁的功能是石闕前的屏障，起隱蔽作用，也有裝飾性。這方照壁是安徽最大的照壁，其構造完全按宋代官方頒布的建築設計、施工的規範書《營造法式》建造而成。

照壁的後面是「子母雙石闕」。闕是古代宮殿、祠廟和陵墓肅穆處所的外部建築，通常左右各一，也有在大闕旁建一小闕的稱「子母雙石闕」。

中國建闕的歷史可追溯到春秋時期，初為城門，城牆到此而缺以作為門，所以稱城闕。墓門建闕約始於西漢。中國的古闕雖然很多，但大都殘缺不全。像包孝肅公墓園之內的「子母雙石闕」，就只有這一座。「子母雙石闕」的母闕高六點四公尺，子闕高四點五公尺。

石闕：石築的闕。多立於宮廟陵墓之前，作銘記官爵、功績或裝飾用。式樣和牌坊相似，只是沒有橫梁。闕有木製，也有石製，木製易朽，難長久保存。

穿過神門，一條筆直的神道直達包拯墓塚。神道右邊立有龜趺螭首神道碑。碑上撰寫著包拯生平事跡，內容與墓誌銘的內容基本相近。

神道碑：又叫「神道表」，指神道前的石碑，上面記載死者生前事跡。記錄帝王大臣生前的活動。神道即墓道。神道碑文原較簡單，一般只稱「某帝或某官神道之碑」。

包公墓園照壁後面的子母雙石闕

神道右旁還立有石柱，名叫「望柱」，又稱「華表」、「和表」、「桓表」和「誹謗之木」。相傳立柱之習原是堯舜時豎立於交通要道的木牌，讓人在上面寫諫言之用的。後來改為石柱，上面刻有多種形狀的花紋，並逐漸演變成設在橋梁、宮殿、城垣或陵墓等前作為標誌和裝飾用的大柱。

華表：中國傳統的建築形式之一，是中國古代宮殿、宗廟、陵墓等大型建築物前面作為裝飾用的一種巨大石柱，原為木製的高柱，其頂端用橫木交叉成十字，似花朵狀，起表識作用，故稱之為華表。相傳華表既有道路標誌的作用，又有為過路行人留言的作用，在堯舜時代就出現了。

包公墓神門

設在陵墓前的大柱又稱為「墓表」，一般常見的均為石造，柱身雕有蟠龍紋飾，上為雲板、蹲獸。包孝肅公墓園的這根望柱，是北宋二品官享有的規格，柱呈八楞形，高三點六公尺，柱身刻有纏枝牡丹，柱的上端是壽桃型光焰。

神道兩旁各有石羊、石虎、石人一對，組成墓前石刻群，名為「石像生」。墓前石刻群既是一個朝代的藝術形式，又表現一個朝代的政體特徵。包拯墓前的石刻群按照北宋陵寢墓前石刻而制，其數量、品種則沿用唐制，顯示墓主是三品以上官員。

登上幾級石階，迎面是包拯的享堂。享堂是包公墓園的重要建築，專供祭祀活動之用。享堂正門兩側的抱柱上有一楹聯為：

正氣懾王侯，鍘惡除奸傳萬世；遺風昭日月，蜀山淝水慶重光。

享堂：又稱祠堂。安置祖先像牌以祭享之，墓上享堂、房屋等建築是作為死者親屬祭祀先人和長期守孝居住之用，通常守孝要在墓上居住三年之久。這種喪葬制度在當時比較普遍，但後世很難保存下來。

聯中「蜀山」指合肥西郊風景秀麗的大蜀山，「淝水」指穿城而過的淝河，從「正氣」和「遺風」兩個方面頌揚包拯的政績和品德。

首句中的一個「懾」字，寫出包拯的明察善斷、執法如山及對王侯的威懾作用。尾句中的一個「慶」字，點出人們因懷念包拯而建墓園的欣慰之情，希望包拯的「遺風」得以發揚光大。

享堂正門前也有一副楹聯：

廉吏可為來者是式；

故鄉更美公乎其歸。

包公孝肅祠內享堂外景

上聯「廉吏可為」是用典。春秋戰國時，楚國有個名為孫叔敖的令尹，他輔助楚王稱雄，政績卓著，贏得楚國百姓的讚頌。

孫叔敖：（約公元前六三〇年至公元前五九三年），名敖，字孫叔，春秋時期政治家。他輔佐楚莊王施教於民，政績赫然，使農商並舉，文化繁榮，翹楚中華。因其出色的治水、治國、軍事才能，後官拜令尹輔佐楚莊王獨霸南方，楚國成為「春秋五霸」之一。

孫敖叔去世後沒有給後人留下什麼財富，使他們過著貧窮困苦的生活，被史籍稱為天下第一清官。而和孫敖叔同時期的一些贓官、貪官，死後給自己的後人留下大筆財產，使他們繼續過著錦衣玉食的生活。兩者之間，對照鮮明，因而社會輿論感嘆道「廉吏不可為」。作者在此反其意而用之：包拯名傳後世，光耀史冊，所以「廉吏可為」。「來者是式」意思是後來人應當以包拯為楷模。

下聯意思是包拯逝世近千年了，他病逝外鄉，歸葬故里，「公乎其歸」既表現包拯對故鄉的眷戀，也表現故鄉人們對包拯的深情。

包公孝肅祠內享堂

享堂飛檐翹角，灰瓦彤柱，高約十公尺，是一座木結構九脊五開間的宋代建築風格殿宇。殿內，二十樽鑿花文飾的柱基上，聳立二十根丹紅國漆大柱，撐起椽梁昂枋，使大殿顯得氣宇軒昂，宏偉壯觀。

飛檐：中國古代漢族傳統建築檐部形式，屋簷特別是屋角的檐部向上翹起。常用在亭、台、樓、閣、宮殿、廟宇等建築的屋頂轉角處，四角翹伸，形如飛鳥展翅，輕盈活潑，營造出壯觀的氣勢和中國古建築特有的飛動輕快的韻味。

享堂中央高支神龕，放置著包拯神位。神位前的供桌上設有香台，供瞻仰、祭祀者進香叩拜。神龕上方懸匾三塊，中間的匾額上寫的是「為政者師」，是清代人王均撰寫，當代著名書法家劉炳森所書，左側為「正氣凜然」，右側為「清正廉明」。

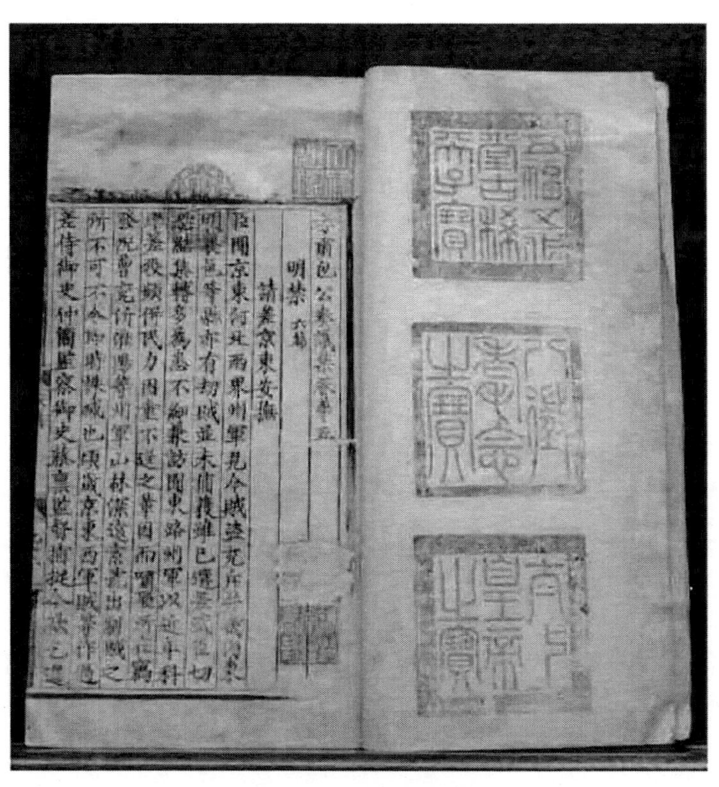

古籍《孝肅包公奏議集》

享堂神龕兩端的巨柱上懸一幅長聯：

十五卷讜論排閶，江河不廢仰止高山，正道自千秋，宇宙聲名尊孝肅；

九百年明德在世，人物凜然長留生氣，凌雲應一笑，歲時鄉國薦芳馨。

全聯上寫「論」，下寫「德」，對包拯的一生，做出極高的評價。皇上念他的功勛，在包拯去世後庇蔭他的子孫在朝為官，後來又賜一位「恩生」，負責管理包公祠、包公墓和有關文物、文史資料，接待來訪客人。

「恩生」是世襲的，本人臨終前，一定要按照立嫡、立長、立賢的原則確定好繼承人。他是一族之長，大家都聽他的。過去的「恩生」都住在香花墩上包公祠的旁邊，便於打掃包公祠。

包家的人叫香花墩為「包墩」。包墩是包家的聖地，說是從包墩遷出去的，都是包家的子孫後代，包公子孫沒有不知道包墩的。最後一代「恩生」是包公的三十五世孫包先海。

包孝肅公墓園旁有祭田數畝，「世奉免徵」，由世襲的守塚戶耕種。守塚戶平時管理墓地，禁止牛羊放牧。清明時節，包公子孫掃墓，供應午餐兩桌，雞、鴨、魚、肉八大盤，另加白酒和掛麵，即當租課。

從北宋開始，每年春秋兩季，都由廬州府學的校長和合肥的縣長率領師生前往包孝肅公墓園祭掃。由於這項活動，集德育、智育、體育於一體，深受師生們的喜愛，便形成一種慣例，經久不衰。即使發生元、明、清的多次改朝換代，這項活動也沿襲未改。

閱讀連結

包公故事的豐富性，在通俗文學中可以說是獨一無二的。其實宋之前著名的廉吏也有不少，就是在同時代的官僚中，包公的地位遠不及富弼、韓琦、歐陽修、范仲淹、王安石等人顯赫。但為什麼包公會作為清官文學的代表，在通俗文學中出現？

包拯不畏權貴，不徇私情，清正廉潔，百姓更喜歡直呼「包公」。平民呼喚包公，實際上是對現實不滿而導致的一種心理幻想，凝聚專制社會下老百姓對於清官的企盼，和對社會公正的嚮往。

全國各地建造的包公廟

包拯為官為民作主，伸張正義，其凜然正氣，被逐漸演繹成除暴安良的「包青天」、「包老爺」，人們廣建廟宇，將他當作保民平安的神靈供奉。

全國各地建造的包公廟有很多，其中比較著名的有：商丘市包公廟鄉、香港灣仔包公廟、福州市包公廟、河南輝縣包公廟和湖南攸縣麻城包公廟。

包青天畫像

商丘市包公廟鄉的由來，與在民間流傳深廣的包拯「陳州放糧」故事有關。

話說宋仁宗慶曆年間，陳州一帶連續遭受三年災害，莊稼顆粒無收，陳州百姓掙扎在死亡邊緣。朝中戶部尚書范仲淹欲派兩名清廉官員到陳州放糧救災。當時的劉衙內力薦自己的女婿楊金吾與兒子小衙內劉得中去陳州放糧。

福建包公廟

楊金吾和劉得中二人奉命到陳州後，並未放糧救災，而是秉承老子劉衙內的意圖，乘機剝削百姓。他們貪汙的事實傳到京城，包拯奉命去陳州查辦此案。他行至宋城永定鄉，饑民攔轎喊冤，訴說災情。宋城即現在的商丘。

包拯在陳州查實劉、楊二奸的惡行，將他們處死。並開倉放糧，賑濟災民，使宋城的廣大災民度過嚴冬和春荒。

宋仁宗慶曆年間的公元一〇四七年，宋城的百姓為報答包拯放糧賑災的大恩大德，自發捐錢捐物，在攔轎喊冤的地方為其修建了一所廟宇，人稱「包公廟」。並將包公前來巡察的正月初九至正月十五定為廟會期，以作紀念。後來，包公廟就成了地名「包公廟鄉」，至今已有近千年的歷史。

歷經千年的風雨剝蝕，商丘包公廟多次遭到破壞，現在的建築是公元一九九四年原地重建的。

現包公廟占地約兩千平方公尺，建於高約兩公尺的高台之上，山門、大殿、東西廂房圍成一個四合院。院東南角另有一個名為「倒坐南衙」的小院，布局結構緊湊，建築風格古樸。院正中聳立一古色古香的雙層建築「焚香樓」，內中香灰滿爐。

商丘包公廟有正殿五間，正中端坐威風凜凜的包公，上懸「光明正大」匾額，展昭和公孫策站立左右，兩旁分列王朝、馬漢、張龍、趙虎的塑像，東西套間分列寇準、王延齡塑像。

院內兩棵國槐將整個小院收入綠陰之中，正對大殿門前的一棵石榴樹上，火紅的石榴綴滿枝頭，為肅穆古樸的氛圍增添勃勃生機。

香港灣仔包公廟位於灣仔堅尼道地隆安街二號，建於清同治初年的公元一八六二年。該廟規模不大，在灣仔玉虛宮的偏殿內，自成一殿。

殿上奉包公神像，正中有「包公丞相」橫織錦帳額，兩旁各有長旗，繡「龍圖學士包公丞相」八個字。

此廟初建之時的清代同治年間，香港貪汙之風甚盛，常有不少冤案發生，坊間民眾遂供奉包青天於玉虛宮偏殿。在這裡拜包公的人們，多以清香一炷，不備其他祭品。這也許是當時的人們對貪汙之風的一種抗議。

青天三鍘刀

福州市包公廟位於福州市南郊蓋山鎮高湖村。此廟始建年代不詳，據廟內《募緣重建碑》、《孝肅公英烈王碑》記載清同治時的公元一八六七年重建，光緒時的公元一九〇〇年再重修。公元一九八九年，鄉人集資重修塑像。

其實，包拯並沒有來過福州，在福州倉山區高湖村的一條小巷裡，卻有一座古老的包公廟。據說在宋代時，高湖村裡有一位文人在河南開封府當官，與包拯相識，關係甚篤。他告老回福州後不久，聽說包拯逝世，十分緬念。為了表達他的崇敬心情，便捐資塑了一尊包公像，並建廟予以紀念。

這座具有歷史意義的、在福州地區獨一無二的包公廟，保存得十分完好，包括戲台和大殿兩大部分，是古典全封閉式結構，觀眾看戲風雨無阻，面積有一百多平方公尺。

福州市包公廟坐北朝南，磚木石結構，由戲台、左右走樓、大殿等組成，建築面積兩百七十四平方公尺。門牆為牌樓建築形式，氣勢雄偉，裝飾華麗。戲台藻井裝飾花卉圖案，雕工精巧。

包公的棺木

大殿面闊三間，進深六間，用二十根石柱，穿斗式木構架，雙坡屋頂，兩邊設封火牆。大殿後牆壁正中設神龕，內供包拯塑像。柱上鐫刻八幅對聯，落款均為「光緒巳酉年長壽堂、三寶堂同敬立」。

穿斗式：或稱串逗式。是用穿枋把柱子串聯起來，形成一榀榀房架；檁條直接擱置在柱頭上；在沿檁條方向，再用斗枋把柱子串聯起來，從而形成一個整體框架。適用於宮殿、廟宇等建築。這種木構架在中國南方的江西、湖南、四川等地區廣泛應用。

尤其難得的是，大殿裡保存有公元一八六七年重建的石碑一通，以及公元一八五五年的石柱對聯三幅：

剛毅立朝貴戚宦官斂手；

纂修特筆忠臣孝子齊名。

宋代權奸互鏡應慚渭濁；

湖濱善信捧觖塊睹河清。

峭直不阿允推良宰輔；

陰陽攸攝共拜福閻羅。

這三幅對聯，充分地表達人民群眾對清官良吏的敬仰，與對貪官權奸的譴責。

河南輝縣包公廟位於太行山下的包公廟村和峪河邊界，有六百多年的歷史。據說廟裡的包青天石像非常靈驗，善惡分得很清楚。另外在建廟時曾在地下挖出十二生肖石像。

包公家訓碑

輝縣包公廟是一座古樸典雅、綠樹掩映、遠近聞名的綠色建築。之所以在這裡建包公廟，是因為包拯在此微服私訪時，曾經救過一位師姓前輩。師族村民感激涕零，在此山下修建三間草屋，內供包公以作紀念。後在清代發展到幾十間瓦房，香火旺盛。

湖南攸縣麻城包公廟久負盛名。據《麻城包公廟志》記載：明代嘉靖年間的公元一五三二年，江西龍虎山上清宮光瑞法師雲遊到湖南攸縣「荷花形」

這個地方的時候，看到這裡景色怡人，想到心中敬仰的「包青天」，不禁感慨萬千，於是集資在這裡開址立廟，最初只是用石塊壘成三間草廬，其中放置宋代包拯的神位。

包公墓碑

光瑞法師每天都要焚香祭拜包拯，平時就用自己所學的醫術，用藥籤給當地的人們治病祛災，他對於貧困的治病者經常不收取一個銅板，當地的人們非常敬重他。

到了明末，著名思想家李贄的入室弟子湖北麻城學者悟震，於公元一六〇五年來到荷花形。他見到這地方的地理特徵極像他湖北老家麻城龍湖的形狀，便在荷花形包公廟安頓下來。

當時包公廟很簡陋，悟震家境富裕，又想到有如此奇緣，便傾其所有家產用來修廟，同時到各地化緣募資，興修包公廟正殿，塑立包公神像。為懷念家鄉和恩師，悟震將荷花形改稱「麻城」，並一直沿用下來。

改建後的麻城包公廟，又稱「聖城」。廟中有廟，殿中有殿，裡面侍奉上百尊神像，集儒、釋、道各教，互尊共榮。每年農曆八月舉行盛大廟會，來自兩省三縣的進香朝拜者絡繹不絕。三教信眾分別在大廟各寺院、宮觀，依教儀頂禮膜拜。

當地有一個叫歐陽天暉的人，法名為一峰法師，他曾為《荷花形異城》賦詩一首曰：

北江環抱瀉清溜，甘棠遠列畫圖開。

縱有丹青描不就，靈秀鐘毓一方來。

清代文士湯詒軒《麻城夕照》詩云：

龍圖香火古麻城，向晚貪看返照明。

村市炊煙忙過客，樹梢殘月倦流鶯。

紅蒸天半霞千縷，碧漾江頭水一泓。

孝肅於今遺廟在，高瞻棟閣夕陽橫。

清末，包公廟還開辦過文昌書院、文徵學堂。據說，清末拔貢余世本、名醫賀昇平等都曾在此就讀或執教。

麻城包公廟歷盡滄桑，先後八次被毀，十次重修。經歷朝維修不斷擴建，逐漸形成現有占地面積四千餘平方公尺，建築面積一千多平方公尺的仿古式廟宇建築群。分別由包公大殿、左右旁殿、觀音閣、文昌宮、關公殿、龍王宮、戲台、山門、食堂和數十間香房組成。

在攸縣眾多的諸如包公廟、龍圖閣之類的廟宇中，麻城包公廟以其悠久的歷史，恢宏的建築，旺盛的香火，眾多的朝聖者著稱，名揚湘贛，甚至享譽神州大地。

時移世變，聖城巍然。麻城的各種民間會團也經常匯聚於此，如:包公會、觀音會、孔聖會、關帝會等。

包公自勉詩

此外，還有油燈會、長醮會、龍燈會、桂花元會、育嬰會、積穀會、太平會、八谷會等民俗和互濟組織等，逐漸形成為以道文化為中心的民間活動場所。「江南詩怪」顏真愚《麻城觀光》贊曰：

青山綠水繞麻城，爭羨神靈地亦靈。

輩出人才新繼舊，振興經濟利成名。

自然美共人文美，城鄉榮連古蹟榮。

今日欣逢堯舜世，絃歌處處頌昇平。

除了上述五處包公廟外，還有臺灣南投縣埔里的青天堂和高雄縣大寮村的開封宮、澳門鏡湖醫院附近的包公廟、湖南省郴州市宜章栗源鎮的包公廟等，人們在這裡祭祀包公，表達對包公的崇敬之情和心中的美好祝願。

人們在全國各地廣建包公廟宇，進行祭祀，是因為包拯心中裝著百姓，為官清正廉明。在包公廟中的祭祀活動，也促使一個地方官仿效包拯，為政時庇蔭四境，為人民造福一方。

閱讀連結

包公的臉譜和傳統戲劇中的所有臉譜不同，該臉譜墨黑如漆，在腦門心的位置上用白色油彩勾畫出一彎新月。這一臉譜為戲劇中的包拯專用。

包公的前額所畫，俗稱「月形腦門」，學名「太陰腦門」。傳說中包公剛正威嚴，「日斷陽間夜斷陰」，白天料理人間的案子，夜晚則主持陰間的訟事，而這「月形腦門」，就是陰陽兩界的通行證。

岳王廟——英雄祭祀

岳飛是中國歷史上著名的軍事家、策略家和民族英雄。北宋末年，岳飛投軍，從公元一一二八年宗澤病逝，到公元一一四一年為止的十三年間，率領「岳家軍」同金軍戰鬥了大小數百次，所向披靡，「位至將相」。後來以「莫須有」的「謀反」罪名被害。宋孝宗時岳飛冤獄被平反，追謚「武穆」，後又追謚「忠武」，封鄂王。

為了紀念岳飛，中國許多地方都有修築岳王廟，規模較大的有靖江、杭州、朱仙鎮、安陽湯陰、宜豐等地的岳飛廟。這些廟宇，寄託了人們對民族英雄岳飛的深切緬懷之情。

最早的岳廟靖江岳王廟

那是在北宋末期的公元一一〇三年，在相州湯陰縣的一個普通農家，一位婦人即將臨盆。相州即現在的河南安陽。相傳這個孩子出生的這天，有大禽若鵠，飛鳴於室上，父母因此給他取名岳飛，字鵬舉。

岳飛練箭壁畫

岳飛收復建康

岳飛少年時為人寡言，負氣節，喜讀《左氏春秋》、《孫吳兵法》等書。為了進一步探究書中的奧祕，岳飛拜師學習騎射和刀槍之法，練就一身武藝，堪稱「一縣無敵」。

《左氏春秋》：即《春秋左氏傳》簡稱《左傳》，相傳是春秋末年魯國史官左丘明根據魯國國史《春秋》編成，全書絕大部分屬於春秋時的大事件，但全書的完成已經進入戰國時期。《左傳》既是中國古代史學名著，也是文學名著。

後來，岳飛從戎。在軍中，岳飛目睹外敵入侵後家鄉人們慘遭殺戮、奴役的情形，心中憤慨，意欲隨軍出征抗擊外侵。

岳飛的母親姚氏是一位深明大義的婦女，看到兒子每天愁眉不展的樣子，一下子就明白兒子的心意。她積極勉勵岳飛「從戎報國」，還為岳飛後背刺上「盡忠報國」四個字為訓。岳飛牢記母親教誨，忍痛別過親人，投身抗敵前線。

在軍中，岳飛的勇敢和武藝很快就得到顯露。為了更好地抵禦外敵，岳飛組建「岳家軍」，並率領「岳家軍」同敵軍進行大小數百次戰鬥，所向披靡，「位至將相」。

岳家軍：南宋初年由岳飛領導的抗金軍隊。這支軍隊以牛皋、董先各部義軍為主幹，後陸續收編楊么等農民軍部眾，吸收山東兩河忠義社梁興、李寶等，匯成大軍。軍隊紀律嚴明，訓練有素，號「凍死不拆屋，餓死不擄掠」，金人有「撼山易，撼岳家軍難」之語。

岳家軍蠟像

岳飛反對主和派秦檜等人的消極防禦策略，主張黃河以北的抗敵義軍和宋軍互相配合，夾擊敵軍，以收復失地，奪取抗敵鬥爭的最終勝利。由於岳飛等人的堅決抵抗，金兵在無力攻滅南宋的情況下，準備與宋議和。南宋朝廷中的主和派乘機開始打壓手握重兵的將領，尤其是堅決主張抗敵的岳飛和韓世忠二人。此時的金國將領金兀朮更是懼怕岳飛，在給南宋大臣的書信中說「必殺岳飛，而後和可成」。

此時的宋高宗趙構，為保南宋朝廷能夠偏安一隅，在一天內連發十二道金牌，急詔岳飛回師。後來，岳飛因「莫須有」的「謀反」罪名，與長子岳雲和部將張憲同時被害。

岳雲：（公元一一一九年至一一四二年），字應祥，號會卿，是民族英雄岳飛的長子，是中國歷史上少有的少年將軍。公元一一四二年除夕和父親岳飛及張憲一起慘遭殺害，年僅二十三歲。宋孝宗為岳飛父子平反昭雪，追授岳雲為安遠軍承宣使、武康軍節度使及安邊將軍等職，並追封為繼忠侯。

張憲：（？至公元一一四二年），南宋抗金名將、民族英雄。岳飛最為倚重的將領之一，始終相隨，以列校奮身，官至龍神衛四廂都指揮使、閬州

觀察使、高陽關路馬步軍副都總管，宋孝宗即位後，張憲冤獄得以昭雪，被追復為龍神衛四廂都指揮使、閬州觀察使，贈寧遠軍承宣使。

岳飛回師的消息傳出時，中原的百姓們都對岳飛依依不捨，不忍他離去，同時還擔心岳飛走後金兵再犯，讓他們再一次陷入水深火熱的境地當中，所以就想和岳飛一起離開中原。

岳飛愛民如子，不忍心拒絕他們的要求，於是就帶著靖江的難民一同南下。當岳飛帶著難民經過千里迢迢的艱苦跋涉，來到揚子江邊的靖江時，他徹夜難眠，便起身踱出帳篷，借一彎冷月察看四方。

靖江原稱馬馱沙，又名驥江、驥渚、馬洲、牧城，約成陸於三國時期。成陸前僅一孤山屹立江中，後因海潮逆江，泥沙沿孤山之麓積聚而成陸地。

岳飛見靖江一帶負江阻海，襟越銜吳，確是一方要地；雖然荒草萋萋，卻有山有水，宜糧宜桑，分明是大江懷中的一顆明珠。欣喜之下，心中已有盤算。

重建的岳王廟

第二天，岳飛召集百姓，對大家說：「你們不要南下了，就在這裡落腳謀生吧。別看它眼下荒蕪，將來定是魚公尺之鄉。我願這裡八百年無水災，八百年無旱災，八百年無兵災！」

岳元帥的話鼓勵了眾百姓，從此，百姓們便在這裡安家落戶，繁衍生息。在這批避難的中原百姓中，朱、劉、陳、范、馬、陸、鄭、祁這八個大姓氏，就是靖江最早的居民。

岳飛要走了，老百姓緊緊相隨，送了一程又送一程，一直送到江邊的一座橋頭才不得不停住腳步，這座橋後來被命名為「望岳橋」。

岳飛脫下身上的白袍留給老百姓作留念，百姓為了懷念岳元帥，希望岳元帥長生不老，就建成供奉白袍的白衣堂，後來又建造一座生祠。

重建的岳王廟碑廊

早先的岳王廟始建於何年何月已無從考證，它既無流金殿宇，也無巍峨樓閣，與民宅、田疇相依。廟外莊稼生長，廟內飯菜飄香，多麼像一幅雋永的民俗風景畫，寓示岳元帥根植民眾，又昭示靖江人知恩圖報的淳樸品質。

莊嚴岳廟經歷近千年的風雨仍然不屈地屹立，它屢毀又屢建，流傳下來弘毅園內的岳廟已是有史記載以來的第四次重建。

保存下來的岳廟為重建後的宋式建築，從望月橋上看過去，整個岳廟就像一本厚實莊重的歷史大書，等待人們打開閱讀。

推開岳廟大門，岳廟大殿直撲眼簾，莊嚴威武之氣油然而生。大殿是岳廟的靈魂和中心。穿過綠樹鮮花相擁的甬道，門廳前抱柱楹聯歷歷在目。其中有一幅對聯出自岳飛的《滿江紅·怒發衝冠》：

滿江紅：詞牌名。又名《上江虹》、《念良遊》、《傷春曲》。宋以來始填此詞調。其格調沉鬱激昂，前人用以發抒懷抱，佳作頗多。傳唱最廣的是岳飛的《滿江紅·怒發衝冠》。詞中「三十功名塵與土，八千里路雲和月」及「莫等閒，白了少年頭，空悲切」更是經典。

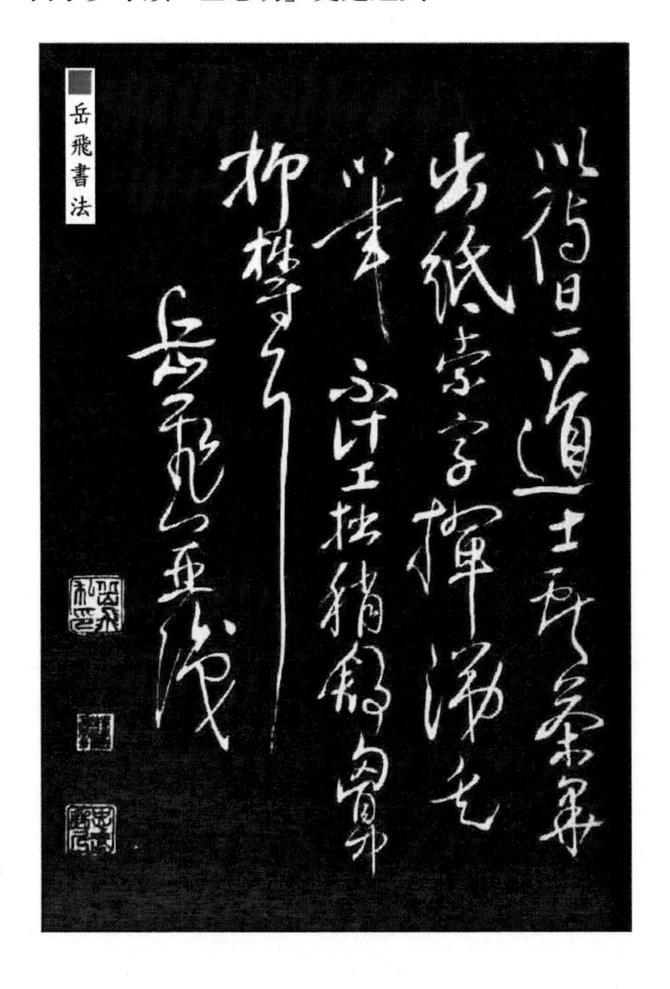
岳飛書法

三十功名塵與土，八千里路雲和月。

意思是說，三十多年來雖已建立一些功名，但如同塵土微不足道；南北轉戰八千里，經過多少風雲人生。表達岳飛心情。

在大殿內，正中端坐岳飛坐像，紅纓帥盔，紫袍金甲，足履武靴，神態英武逼人，但仔細端詳，這英武神態中隱有一絲抹不去的苦思與憂戚。是決戰前的凝神，還是對百姓前程的焦慮？

據說這是中國唯一帶有憂戚神態的岳飛塑像，這憂戚使岳飛元帥更加真切、親近，難怪靖江人們對岳元帥留下如此鮮明的記憶。而這些記憶經歷這麼多年的風雨沒有褪色，本身就是一個奇蹟。

在岳飛坐像上方，匾額上是岳飛的手書「還我河山」，筆勢虎虎生風，坐像背面就是那有名的《滿江紅》。坐像兩側是岳飛八裨將浮雕，岳雲、牛皋等人栩栩如生，彷彿一直陪伴岳元帥憂國憂民。

大殿的後殿為思岳軒，岳飛像碑位於正中，岳飛的朋友李綱和韓世忠手書的詩文石刻鑲於外壁，迴廊上岳飛手書的《前出師表》石刻鏗然有聲。再向前，「盡忠報國」四塊石碑歷經戰火居然沒有湮滅，現在仍嵌在廟門兩邊的牆壁上，這正應合元帥磨滅不了的愛國情懷。

穿過思岳軒，可看到岳廟大門上有後人書寫的「岳廟」兩字。出岳廟大門再往南行，就走到當年父老鄉親揮淚送別岳飛的道路上，馬鈴叮噹，鐵甲摩擦的聲音猶在耳邊迴蕩。

岳元帥回臨安後因「莫須有」的罪名魂斷風波亭。消息傳到當時名為馬馱沙的靖江，人們又紛紛走上昔日送別元帥的橋上，遙望江南，淚雨紛飛，於是「望岳橋」又改名為「思岳橋」。

靖江的岳廟原為生祠，建於岳飛在世之時。聞名遐邇的岳飛故鄉河南湯陰的岳廟、杭州西湖的岳廟，均在岳飛離世後興建，因此，靖江的岳廟是天下最早的岳廟。

閱讀連結

岳飛背上刺有「盡忠報國」，歷史上確有其事。《宋史·岳飛傳》有記載，當岳飛入獄之初，秦檜等密議讓何鑄審訊。岳飛義正詞嚴，力陳抗金軍功，愛國何罪之有？並當著何鑄面「裂裳以背示鑄，有『盡忠報國』四大字，深入膚裡」。其浩然正氣，令何鑄汗顏詞窮。「盡忠報國」為什麼後來誤傳成「精忠報國」？這很可能和宋高宗有關係。

岳飛在對抗金兵入侵的戰鬥中，立下赫赫戰功，為了表彰岳飛，當時的皇帝宋高宗御賜「精忠岳飛」四個字給岳飛，並做成一面寫有「精忠岳飛」的旗幟。以後凡是岳飛出征的時候，都會帶上這面寫有「精忠岳飛」的大旗。到了明清以後，「盡忠報國」就被人們傳為「精忠報國」。

寄託敬仰的杭州岳王廟

杭州岳王廟牌匾

公元一一二一年，人們為了紀念心目中的英雄岳飛，在西湖西北角的湖畔上建立一座寺廟，供奉香火，名為「褒忠衍福禪寺」。明代天順年間，褒忠衍福禪寺改額「忠烈廟」，後來由於岳飛被追封為鄂王而稱「岳王廟」。

杭州岳王廟二門

杭州西湖岳王廟經歷代迭經興廢，僅存的墓、廟為清代重建格局，大致分為忠烈廟、啟忠祠、墓園三部分。

墓園坐西向東，忠烈祠和啟忠祠坐北朝南。岳王廟大門，正對西湖五大水面之一的岳湖，墓廟與岳湖之間，聳立「碧血丹心」石坊，寄託炎黃子孫對愛國英雄岳飛的敬仰之情。

進入岳王廟，頭門是一座二層重檐建築，巍峨莊嚴，正中懸掛「岳王廟」三字豎匾。繼而是一個天井院落，中間是一條青石鋪成的甬道，兩旁古木參天。

天井：四面有房屋，或三面有房屋，另一面有圍牆，或兩面有房屋，另兩面有圍牆時中間的空地。天井是南方房屋結構中的組成部分，一般設在單進或多進房屋中前後正間中間，兩邊為廂房包圍，寬與正間同，進深與廂房

等長。天井不同於院子，因其面積較小，光線被高屋圍堵顯得較暗，狀如深井，故名。

甬道長二十二點八八公尺，直通忠烈祠大殿。兩側分別是東廡和西廡，東廡是祭祀烈文侯張憲的，西廡是祭祀輔文侯牛皋的，可惜都移作他用了。

忠烈祠是岳王廟的主體建築，有門樓、正殿各一，配殿二。正殿為重檐歇山頂，殿前庭園空曠，古木蕭森。正殿重檐間懸掛一塊「心昭天日」橫匾，大殿正門兩側和內廊柱上，鐫刻許多楹聯，表達後世人們對愛國英雄岳飛的無比愛戴，以及對昏君和奸佞的無限憤怒。

正殿約四百平方公尺，殿內正面是岳飛的坐像，高四點五四公尺。只見岳飛頭戴紅纓帥盔，身著紫色蟒袍，臂露金甲，足登武靴，右手握拳，左手按劍，雙目正視，態度嚴正，英氣勃勃，鬥志昂揚，令人肅然起敬。岳飛生前是無資格穿蟒袍的，因後封鄂王，所以身著蟒袍。

蟒袍：又被稱為花衣、蟒服，因袍上繡有蟒紋而得名。蟒非龍，爪上只有四趾，而皇家之龍五趾，所以四趾龍為蟒。古代官員的禮服，上繡蟒。婦女受有封誥的，也可以穿。在古代，蟒袍加身，是大夫們的最高理想，意味位極人臣，榮華富貴。

在坐像上端，懸掛岳飛手書「還我河山」四字橫匾，這是這位民族英雄畢生為之奮鬥的目標。此時此刻，不禁令人想起當年岳飛和他高吟《滿江紅》的英雄氣概。在「還我河山」橫匾的左右兩邊各懸一塊「碧血丹心」與「浩氣長存」橫匾，全部都是岳飛的手跡。

杭州岳王廟正殿岳飛塑像

大殿後面的牆上繪有後世創作的八幅大型彩色壁畫，忠實地記錄這位民族英雄氣壯山河的一生。

第一幅是《勤奮學習》，描繪岳飛自幼好學，喜讀《孫子兵法》等書，愛聽歷史英雄人物故事，少年時就能拉開三百多宋斤的強弓。他先向陳廣習武，後跟周侗學射，練就一身奮勇殺敵的本領。

《孫子兵法》又稱《孫武兵法》、《吳孫子兵法》、《孫子兵書》及《孫武兵書》等，是中國最早的兵書，也是世界上最早的軍事著作，被譽為「兵學聖典」。《孫子兵法》共有六千字左右，一共十三篇，三十六計。是中國優秀傳統文化的重要組成部分。

第二幅是《岳母刺字》，描繪岳飛早年喪父，全仗母親撫育。靖康之變，金兵入侵，徽、欽二帝被俘，北宋滅亡。岳母送子參軍，臨行前，岳母為了讓岳飛牢記愛國家、愛人民，在岳飛背上刺下「盡忠報國」四字。

第三幅是《收復建康》，描述公元一一二九年冬，敵人大舉南侵，岳飛率部移駐宜興。第二年春，岳飛從宜興出擊迎戰，連戰連勝，斬敵數千，繳物萬件，一舉收復建康。

岳王廟大殿壁畫

第四幅是《聯結河朔》，傳達岳飛注重團結抗金力量。公元一一三二年，岳飛制定聯合河朔忠義民兵共同抗金的方針，各路民兵先後投歸，成為「岳家軍」的骨幹和主體，在抗金戰場上發揮重要作用。

杭州岳王廟忠烈祠

第五幅是《還我河山》，講的是公元一一三三年岳飛任江南西路、舒、蘄州制置使，從臨安返江州途中，登高遠眺，北望故土，激情滿懷，無限感慨，寫下「還我河山」四字，抒發驅逐金兵、收復失地的壯志。

第六幅是《郾城大捷》，描繪公元一一四〇年七月，金兀朮調集精兵，以「拐子馬」陣向郾城大舉進攻。岳飛出城迎戰，全軍將士手持刀斧，沖入敵陣，上斬敵首，下砍馬足，敵軍大敗，狼狽潰逃，「岳家軍」乘勝追擊，先鋒部隊直達朱仙鎮，距汴京二十二點五千公尺。「岳家軍」凱旋，百姓敲鑼打鼓歡慶祝捷。

拐子：馬北宋時左右翼騎兵的名稱。兩拐子或東西拐子即左右翼的意思，見曾公亮《武經總要》前集卷七。南宋岳珂《鄂王行實編年》稱金軍鐵騎，三馬為聯，貫以韋索，稱「拐子馬」。

第七幅是《被迫班師》，畫中描繪在公元一一四〇年岳飛北伐正取得重大勝利的時期，宋高宗趙構決定求和，與秦檜共同策劃，一日內連下十二道金牌，岳飛扼腕而泣，仰首悲嘆「十年之功，毀於一旦」，被迫班師。歸途中，中原父老遮道慟哭，訴苦攔師。

第八幅是《風波冤獄》，描繪宋高宗和秦檜在加緊求和的同時，陰謀陷害岳飛。他們收買叛徒，製造「謀反」證據，以「莫須有」之罪，誣陷岳飛下獄，將岳飛陷害於臨安大理寺獄中的風波亭，釀成了千古奇冤。

大殿頂上的天花板，繪有「百鶴圖」。圖中三百餘隻姿態不同的白鶴，飛翔於蒼松翠柏之中，象徵著岳飛的浩然正氣和堅貞的性格。

鶴：寓意延年益壽。在古代是一鳥之下，萬鳥之上，僅次於鳳凰，明清一品官吏的官服編織的圖案就是「仙鶴」。同時鶴因為仙風道骨，為羽族之長，自古就被稱為是「一品鳥」，寓意第一。鶴代表長壽、富貴，據傳說它享有幾千年的壽命。鶴獨立，翹首遠望，姿態優美，色彩不豔不嬌，高雅大方。

正殿西面有一組庭園，入口處有精忠柏亭，這個看上僅剩半個的亭子，民間有喻意南宋只有半壁江山之說。亭內陳列八段柏樹的化石，據傳是生長在風波亭畔的一株大柏樹。

岳飛在風波亭被害後，這株柏樹也跟著枯萎，變為化石，僵而不倒達六百餘年。後人把這些化石聚集起來，建亭陳列，讓它永遠陪伴岳飛的忠魂。

杭州岳王廟岳飛紀念館

其實，這幾段化石並不是南宋古柏，是一種松柏科植物的化石，其年齡要比南宋古柏大得多，約在一點二億年以上，古生物學上稱為「矽化木」。如果細心觀察，還會發現柏樹化石都沒有樹皮，顯得十分光滑。這些柏樹化石在後世還留有一段傳說呢！

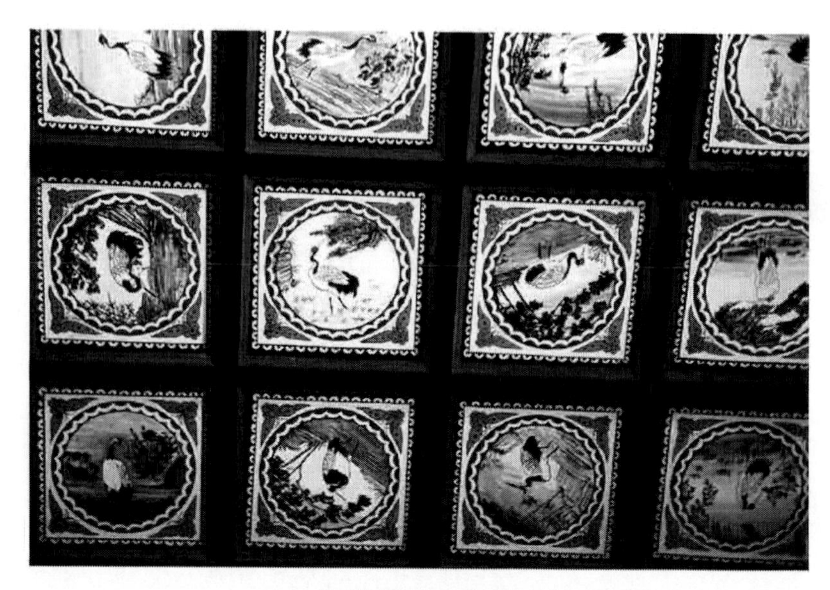

杭州岳王廟百鶴圖

相傳太平天國起兵反抗清朝政府，攻入杭州後，不少士兵突然生起病來，由於請醫無效，很快傳染到全軍。忠王李秀成十分著急，但又苦思無計，不覺伏案昏昏睡去。在朦朧中，一陣陰風過後，只見案前站著一位頭戴金盔、身穿白袍的威武將軍，只說「若要兵將身痊癒，請上風波取樹皮」兩句話，用力一推，李秀成驚醒過來。

李秀成回憶夢中的場景，立即派人往風波亭取來樹皮熬藥，眾將士喝了以後果然藥到病除。不久，清軍也得了同樣的病，爭先恐後地取來樹皮熬藥，結果當然是越喝病越重了。所以，老百姓高興地說：「是岳老爺又顯聖了」。這些都反映人們對岳飛的仰慕之心和懷念之情。

李秀成：（公演一八二三年至一八六四年），初名李以文。太平天國時期的著名將領。天京變亂後，他被洪秀全封為「萬古忠義」的忠王，他在太

平天國後期衰弱的形勢下，在軍事上連連獲勝，中興了太平天國，李秀成也成為太平天國後期的頂梁柱。

杭州岳廟啟忠祠

忠烈廟西側舊為啟忠祠，祭祀岳飛父母及其五子，分別為岳雲、岳雷、岳霖、岳震、岳霆，以及五媳、玉女銀瓶。

庭園南北各有一條碑廊，共陳列碑石一百二十五方。北廊是岳飛手書的墨跡刻石、奏摺、表章等，最為著名的是《滿江紅·怒發衝冠》詞和岳飛錄寫的前、後《出師表》等。

奏摺：清代官吏向皇帝奏事的文書，因其用折本繕寫，故名「奏摺」。也稱為「摺子」。其頁數、行數、每行的字數，皆有固定格式和要求。始用於清順治年間，以後普遍採用，清康熙年間形成固定制度。至清亡廢止，歷時兩百餘年。

南廊為歷代名人憑弔岳飛詩詞和岳廟歷次重修的歷史文獻。其中明代書畫家文徵明尖銳地指出宋高宗是謀殺岳飛的主謀人。

院落東面照壁上，有「盡忠報國」四個朱紅大字，是明人洪珠所書。請注意這個國字恰恰少了一點，是當時南宋國土尚不完整，所以洪珠才故意漏寫了這一點。另外，這「國」字也非錯別字，它是中國書法藝術上一種為顧全言語字構架的常見寫法。

庭園中間有一石橋，名為「精忠橋」，過精忠橋便是墓闕，造型古樸，是後來在重修時按南宋的建築風格造的，墓闕邊上有一口井，名「忠泉」。

進墓闕重門就是岳飛墓園，在忠烈祠的西側，墓道兩側有石馬石虎石羊各一對，石俑三對，正中便是岳飛墓，墓碑上刻著「宋岳鄂王墓」，左邊是岳雲墓，墓碑上刻著「宋繼忠侯岳雲墓」，兩墓保持宋代的式樣。

繼忠侯是宋甯宗於南宋嘉定四年，即公元一二一一年追封的，恰逢岳雲被害七十週年。岳雲是岳飛的長子，十二歲隨父參軍，作戰勇猛，數立奇功，勇冠三軍，最終和張憲一起被害於杭州眾安橋，年僅二十三歲。

墓道兩旁陳列三對石刻翁仲和兩組犧牲，這最早起源於周禮，說是要驅趕一種叫「方良」的動物，唯有種柏樹和豎立石虎才能達到目的。到了秦代有一位將軍叫做阮翁仲，打仗所向無敵，人們為了藉助他的勇猛守候墓地，所以在墓地上立了石翁仲。

杭州岳王廟岳飛墓

民間還有種說法，馬、羊、虎、狗分別表示忠、孝、節、義。岳飛具備前三項，但因為他曾鎮壓過農民起義，故岳飛墓前缺少代表義的狗，看來是千秋功罪自有後人評說，而實際上封建禮制歷來有森嚴的封建等級制度，岳飛墓地的石人石獸是完全符合宋代儀規的。

墓前還有一對望柱，上刻有一副對聯：

正邪自古同冰炭，毀譽於今判偽真。

墓闕下有四個鐵鑄人像，反剪雙手，面墓而跪，即陷害岳飛的秦檜、王氏、張俊、万俟卨四人。

每年的三月二十四日岳飛誕辰這天，岳飛的後裔和附近的百姓就會聚集在岳王廟，共同緬懷先烈的英魂。

後來，岳氏後裔向杭州岳王廟捐贈一尊紫砂岳飛塑像，塑像採用宜興丁山黃龍山的紫砂研製而成，型體高七十五公分，寬七十三公分，厚二十九公分，重達約一百多公斤，伴隨著岳飛常守西子湖畔。

岳飛抗金救國的功績是永存的，尤其是岳飛的愛國主義精神將千秋萬代留傳下去。

閱讀連結

岳飛是歷史上有名的孝子。岳飛把母親姚氏接到軍營後，侍奉唯恐不周，每晚處理好軍務，便到母親處問安。當母親生病時，岳飛親嘗湯藥，跪送榻前，連走路都微聲屏氣而行，生恐吵擾母親休息。凡遇率軍出征，必先囑咐妻子李娃，好好侍奉母親。

岳母病故時，岳飛與長子岳雲赤足親扶靈柩近千里，自鄂州歸葬於江州廬山。岳飛認為：「若內不能克事親之道，外豈復有愛主之忠？」可見他的孝心。

河南開封朱仙鎮的岳王廟

在中國南宋時期的公元一一四〇年，屢建奇功的岳飛為了抵禦敵軍，率領「岳家軍」北伐。宋高宗授岳飛為河南河北諸路招討使，加太保銜，並告訴岳飛：「卿在前方專心打仗，我不會干涉軍務。」

「岳家軍」很快到達河南郾城。岳飛率輕騎駐郾城，命令各將領分兵出擊敵兵，諸將相繼告捷。

河南開封朱仙鎮岳飛廟大門

敵軍主帥是金兀朮，他是金太祖完顏阿骨打的第四子，名完顏宗弼，足智多謀，驍勇善戰。這次他率軍南下，本想一舉滅掉南宋，誰知遇到「岳家軍」，自己連吃敗仗。金兀朮與諸將商議，以大軍進逼郾城，直接與岳飛決戰。

南宋朝廷聽到消息後非常害怕，要岳飛不要輕易出戰。岳飛卻看出金兀朮色厲內荏的本質，說：「他們這次已經沒辦法了！」於是，命令士兵出戰罵陣。金兀朮被激怒了，指揮大軍向「岳家軍」衝來。

岳飛命其子岳雲率騎兵沖入敵陣，並說：「如不打勝仗，先將你斬首！」岳雲是岳飛的養子，跟隨岳飛南征北戰多年，戰鬥中他手握兩支八十宋斤重的大鐵錘，身先士卒，奮勇殺敵，屢立戰功。岳雲領兵沖入敵陣，一敗敵軍。

河南開封朱仙鎮岳飛廟五奸跪忠

金兀朮手下有一支精銳部隊，名叫「拐子馬」。這些騎兵的戰馬都披上重重的鎧甲，每三匹馬用繩索相連，作戰時橫衝直撞、勢不可擋，宋軍多次吃到「拐子馬」的虧。

河南開封朱仙鎮岳飛廟正殿

但岳飛對此早有研究，胸中自有對付「拐子馬」的良策。他命士兵徒步沖入敵陣，不要抬頭，只用刀砍馬足，砍倒一匹馬，與之相連的兩匹馬也動不了，笨重的鎧甲和繩索反而成為累贅，這些「拐子馬」很快失去戰鬥力，全軍覆沒。

金兀朮見「拐子馬」覆滅，忍不住痛哭流涕地說：「自我起兵多年，全憑『拐子馬』衝鋒陷陣，戰無不勝，這下全完了！」他又親率軍隊前來復仇，岳飛奮勇當先，帶領四十騎沖入敵陣，再次大敗敵軍，金兀朮只得敗退而走。

郾城大捷以後，岳飛判斷金兀朮不甘失敗，必定回兵向北攻打已占領潁昌的岳飛部將王貴，急命岳雲率軍火速支援王貴，奔赴潁昌。岳雲到了潁昌不久，金兀朮果然過去了，王貴與岳雲合力迎戰。

岳雲率八百騎兵衝在最前面，兩翼的步兵從左右兩邊掩殺過去，一場血戰過後，「岳家軍」又獲大勝，並殺死金兀朮的女婿夏金吾和副將黏罕索勃董，金兀朮又大敗逃走。岳飛領兵乘勝追擊。

金兀朮逃至離汴京四十五里的朱仙鎮後，為了阻擋「岳家軍」的追擊，於是構築防守汴京的最後一道防線。

岳飛領兵趕到朱仙鎮，不給金兀朮喘息的機會，派將領率背嵬軍，即岳飛的親兵部隊向敵軍沖。在這次戰鬥中，「岳家軍」個個奮勇爭先，大敗敵軍。正如《雲麓漫鈔》記載：

韓、岳兵尤精，常時於軍中角其勇健者，別置親隨軍，謂之背嵬，一入背嵬，諸軍統制而下，與之亢禮，犒賞異常，勇健無比，凡有堅敵，遣背嵬軍，無有不破者。

金兀朮狼狽逃往汴京。郾城、潁昌、朱仙鎮的三戰三捷，讓「岳家軍」擊潰金兀朮所率的軍隊主力，岳家軍威名遠颺、聲威大震。

當時宋使洪皓在家書稱：「順昌之敗，岳帥之來，此間震恐。」宋高宗得知朱仙鎮等大捷後，為了求和，竟然在一日之內連發十二道金牌，詔令岳飛班師回朝。

洪皓：（公元一〇八八年至一一五五年），饒州鄱陽人，是北宋著名的愛國重臣。在南宋任禮部尚書時，出使金國，被扣留在荒漠十五年，堅貞不屈，艱苦備嘗，全節而歸，被譽為第二個蘇武。歸贈太師魏國公，卒謚「忠宣」，世傳洪皓父子四人「一門三丞相四學士」之美譽，皆為正一品。

開封朱仙鎮岳飛廟拜殿

岳飛精韜略，善運籌，博採眾謀，團結民眾，行師用兵善謀機變，作戰指揮機智靈活，不拘常法，強調運用之妙，存乎一心。他嚴於治軍，重視選將，信賞明罰，愛護士卒。其軍以「凍死不拆屋，餓死不擄掠」著稱，常能以少勝眾，敵軍嘆稱：「撼山易，撼岳家軍難！」

開封朱仙鎮岳飛廟寢殿

明成化年間的公元一四七〇年九月，人們為了紀念岳飛，就在他生前最後一次戰役的所在地，即朱仙鎮建立起一座岳王廟。

朱仙鎮岳王廟占地一點八萬平方公尺，坐北朝南，外廊呈長方形，三進院落。經明、清兩代的多次整修和重建，整個殿堂恢宏莊嚴，碑亭林立，刻繪塑鑄，豐富多彩。據《祥符縣志》引明成化年間的碑記云：

集岳廟始建於鄂，再建杭，三建於湯陰，今建於梁城南之朱仙鎮。在鄂者王開國地；王冤白時，已建於杭者王墓存焉；在湯陰者王田之邦；而朱仙鎮者王之功於杭者王墓存焉；在湯陰者王者也。

朱仙鎮岳飛廟曾吸引于謙、清乾隆皇帝等歷史名人到此祭奠並留墨。它與湯陰、武昌和杭州岳飛廟統一稱為全國四大岳飛廟，享譽中外。

朱仙鎮岳飛廟原殿前有楹聯曰：

若斯里朱仙不苑，知當日金牌北召，三字含冤，定擊碎你這極惡滔天黑心宰相；

即比鄰關聖猶生，見此間鐵騎南旋，萬民哭留，必保全我那盡忠報國赤膽將軍。

朱仙鎮岳王廟在後來還進行過多次的修葺，已修復山門、門前照壁和「五奸跪忠」鑄像。廟內以碑碣最為有名，有《道紫崖張先生北伐》、《滿江紅·怒發衝冠》等碑，字體蒼勁奔放，為碑中上品。

閱讀連結

岳飛在軍中一直都有「勇冠三軍」的威名，相傳岳飛可以「挽弓三百斤，弩八石，能左右射」。岳飛曾經在與敵人作戰時，殺敵將黑風大王。

後來，敵人王善、曹成聚集兵馬，號稱五十萬，岳飛部下只有八百人，手下士兵都十分害怕。這時岳飛卻十分鎮定，說：「我給大家破了他。」然後左手拉著弓，右手拿著矛，衝擊敵陣，結果王善部大亂，岳飛乘勢大敗敵軍。

岳飛家鄉湯陰的岳王廟

汤阴岳王庙精忠坊

岳飛出生於河南安陽湯陰，二十歲從軍，率軍抗擊金兵，六戰六捷，讓金兵心驚膽寒。後來被主和派以「莫須有」的罪名殺害於杭州。家鄉人民對岳飛寄予無限的敬仰之情，就在安陽湯陰為岳飛建立一座祠堂，稱為「精忠廟」，也稱「宋岳忠武王廟」，但是人們更加喜歡將之稱為「岳王廟」。

湯陰岳王廟正門

安陽湯陰岳王廟坐北朝南，外廊呈長方形。臨街大門為精忠坊，是一座建造精美的木結構牌樓，斗拱形制為九踩四昂重翹。

精忠坊之正中陽鐫有明孝宗朱祐樘賜額「宋岳忠武王廟」。兩側「八」字牆上用青石碣分別陽刻「忠」、「孝」兩個大字，為明萬曆年間彰德府推官張應登所題，字高一點八公尺，遒勁端莊，特別醒目。

推官：中國古代官名。唐代始置，於節度使、觀察使、團練使、防禦使、採訪處置使下皆設一員，位次於判官、掌書記，掌推勾獄訟之事。宋時三司下各部每部設一員，主管各案公事；開封府所屬設左、右廳，每廳推官各一員，分日輪流審判案件。

穿過精忠坊，便見山門前並排跪著五個鐵像，是秦檜、王氏、万俟卨、張俊和王俊。五個跪像鑄於明正德年間，均是蓬首垢面，袒胸露臍，反縛雙手，面目可憎。人們痛恨這五個背叛民族，陷害忠良的奸佞，將他們鑄成鐵像，長跪岳飛廟階下，面皆朝北，與大殿中的岳飛塑像面面相對。

山門對面，五個跪像之後，是施全祠。施全祠明柱上的楹聯是：

蓬頭垢面跪階前，想想當年宰相；

端冕垂旒臨座上，看看今日將軍。

施全：（？～公元一一五六年），南宋義士，因刺秦檜而聞名於世。施全是岳飛的結義兄弟，武藝不高，然甚是忠勇。岳飛被害後，於臨安眾安橋刺殺秦檜失敗，被殺。後追封眾安橋土地。杭城十五奎巷之中有施將軍廟，供奉的就是忠心耿耿的施全將軍。

這幅對聯充分表達人們的愛與恨，敬與憎。山門坐北朝南，三開間式建築，兩側扇形壁鑲嵌有滾龍戲水浮雕，門前一對石獅分踞左右，古樸莊嚴。

山門檐下一排巨匾，上書「盡忠報國」、「浩然正氣」、「廟食千秋」三塊巨匾，是書法家舒同、楚圖南、肖勞的手跡。明柱上嵌有魏巍撰寫的楹聯：

存巍然正氣；

壯故鄉山河。

湯陰岳王廟跪像

施全祠面闊三間，內懸「宋義烈將軍施全祠」橫匾。後壁上鑲嵌「盡忠報國」四個一點六公尺見方的朱紅石刻大字。

湯陰岳王廟正殿

後來又鑄施全銅像於內，施全身著鎧甲，手舉利劍，怒目握拳，對祠前秦檜等奸黨呈鎮壓之勢。施全像左側，為宋義士隗順像。

在山門內有道儀門，是公元一八二五年經過重修之後保存下來的。儀門有三拱，中門兩側置有抱鼓。儀門前兩道高大的碑牆把這裡闢為東西兩個小院，這裡古柏蒼勁，碑碣林立，東有肅瞻亭，西有覲光亭。

院中各有亭子一座，東面曰「肅瞻」，西面曰「覲光」。在林立的碑刻中，有明清帝王謁廟詩篇，有明代重修擴建古廟勝蹟的紀實，更多的是歷代文人學士頌揚英雄的詩詞歌賦。歷代詩詞歌賦石刻尚存近兩百塊。

穿過御碑亭，便是岳廟的主體建築正殿。該殿面闊五間十八點三公尺，進深三間十一點六公尺，斗拱形制為五踩重翹重昂，硬山式建築，高十公尺。總體來看體態穩重，氣勢恢宏。

殿門楣上懸有五塊巨匾，分別是「乃武乃文」、「故鄉俎豆」、「忠靈示泯」、「百戰精威」、「乾坤正氣」。其中「百戰神威」和「忠靈未泯」為清帝光緒和太后慈禧所題。

門楣：指古代社會正門上方門框上部的橫梁，一般都是粗重實木製就。中國古代按照建制，只有朝廷官吏所居府邸才能在正門之上標示門楣，一般平民百姓是不準有門楣的，哪怕你是大戶人家，富甲一方，沒有官面上的身分，也一樣不能在宅門上標示門楣，所以門楣是身分地位的象徵。

正殿中央為岳飛彩塑坐像，高丈餘，英武魁偉，正氣凜凜。岳飛塑像上方所嵌草書「還我河山」貼金匾額為岳飛所書，其字雄渾激昂，洋溢岳飛對收復失地的壯志豪情。坐像兩側鑲嵌中國人民解放軍張愛萍將軍題寫的楹聯：

朱仙鎮血戰喪敵膽，風波亭長恨遺千秋。

湯陰岳王廟碑亭

正殿的四周牆上，懸掛許多著名書畫家頌揚岳飛的書畫墨寶。大殿兩側的東西廡中，為岳飛史蹟陳列室。

在正殿的西北隅，是岳飛生前的部將祠，祠中立有牛皋、楊再興等岳飛的一批得力部將塑像，生動地再現他們生前的英武形象。

張憲祠面闊三間，內塑張憲持槍戎裝像，壁間陳列有張憲生平事跡簡介和表現其「陳州大捷」、「陳詞斥奸」的版面。

岳珂祠位於正殿東北隅，面闊三間。祠內有岳飛孫子、岳霖第三子岳珂塑像。壁間陳列有岳珂的著作部分章節、生平簡介及展現其著書辯誣的版面。

岳珂：（公元一一八三年至一二四三年），字肅之，號亦齋，晚號倦翁，相州湯陰人。岳飛之孫，岳霖之子。南宋文學家。歷光祿丞、司農寺主簿、軍器監丞、司農寺丞。宋寧宗時，以奉議郎權發遣嘉興軍府兼管內勸農事，有惠政。自此家居嘉興，住宅在金佗坊。

五賢祠祠內有周同，宗澤，韓世忠及其夫人梁紅玉，何鑄的塑像，他們或師或友，或仗義執言，都是岳飛一生經歷中的重要人物。

湯陰岳王廟正殿岳飛塑像

在大殿的後院，是寢殿、岳雲祠、四子祠、岳珂祠、孝娥祠、三代祠等。

湯陰岳王廟碑刻

寢殿面闊五間，進深兩間。殿內原塑有岳飛和夫人李氏的塑像，在後來進行修復時，內增塑「岳母刺字」組塑而改為賢母祠。

賢母內四周壁間鑲嵌有岳飛手書「出師表」、「滿江紅」、「墨莊」、「還我河山」、「寶刀歌」等碑刻及後人歌頌岳飛書法讚詞的碑碣近七十塊。

寢殿上方懸有著名書法家商向前、沈鵬等題寫的匾額，以及魏傳統等的楹聯，內陳列著名的書法珍品《出師表》石刻，有刻石一百四十餘方。

在賢母祠前東廡是岳雲祠，面闊三間。祠內有岳雲手握雙錘戎裝披掛塑像。壁間有岳雲生平事跡簡介和反映岳雲攻占隨州，大戰潁昌的版面陳列。

賢母祠西廡是四子祠，面闊三間。祠內有岳飛次子岳雷，三子岳霖，四子岳震，五子岳霆塑像，兩側壁間掛有四子木刻像、簡介及岳霖為父兄昭雪的記事。

賢母祠西北隅是孝娥祠，面闊三間。祠前有卷棚抱廈，祠內有岳飛之女孝娥蠟像。

孝娥原名岳銀瓶，是岳飛的小女兒，性情剛烈，聽聞父親遇害之後，就想要奔赴朝廷進行申辯，但是因為受到阻礙而沒有取得半點兒結果，於是抱著銀瓶投井而死，人稱「銀瓶小姐」，又因其死於父難，後人稱為「孝娥」。

三代祠位於岳飛廟的東北隅，是一獨立庭院。主殿面闊三間，進深二間。祠內供奉岳飛曾祖父母、祖父母和父母三代的牌位。岳飛的曾祖父叫岳成，曾祖母楊氏；祖父叫嶽立，祖母許氏；父親叫岳和，母親姚氏。

在中國乃至於全天下，岳飛都是一位彪炳千秋的民族英雄，他那同仇敵愾、「精忠報國」的故事世代相傳。而岳飛家鄉湯陰的岳王廟，為世人展現他重要的歷史功績。

閱讀連結

岳飛雖是武將，但他文采橫溢，有儒將風範。他的文才自不必說，數十首詩詞足以說明。他愛好讀書，書法頗佳，時人稱「室有鄴架」、「字尚蘇體」。他還喜歡與士子文人交往，「往來皆高士」他是寂寞英雄，滿腔抱負，無人賞識，「欲將心事付瑤琴」，卻無奈，「知音少，弦斷有誰聽？」他寫的《小重山》不似《滿江紅》那樣豪情萬丈，可卻是借琴弦抒發心中無言的吶喊。

岳飛的一生，為南宋抗金，浴血沙場，赤膽忠心，不為功名，只希望可以得遇明君，收復國土。

贛西九嶺山宜豐的岳王廟

那是在公元一一三〇年左右，岳飛偕長子岳雲率「岳家軍」數度轉戰於江西西部北九嶺山脈南麓的宜豐，征伐金兵將領補顏鐵木爾、馬進等。岳飛把軍隊駐紮在僅距宜豐東門的五百公尺處。

岳飛畫像

宜豐東門有一座建於當時的樓閣，稱為「寶書樓」。樓閣高十五公尺，寬十一點四公尺，是石木結構的兩層重檐樓閣，樓有前後兩進，前廳有四個石頭圓柱支撐牌坊，內廳有四方石柱支起木樓。

在當時，岳飛經常利用歇戰間隙帶著岳雲及親信巡視鄉村，體察民情。有一天在巡視的過程中，岳飛忽然看到不遠處的一座民房前，一位老婦正抱著一個昏死過去的六七歲的男孩呼天號哭，忙上前查看原委。

原來，此地連年遭敵騷擾，田地多半荒蕪，加上這一年遭受乾旱，所種有限的一點莊稼幾乎絕收，眾多百姓忍受饑荒，靠啃樹皮、吃觀音土等充饑。

這對相依為命的祖孫已經兩天粒米未進，好心的鄰居大嬸見這孩子餓得可憐，便省下一個小飯糰拿給孩子。懂事的孩子謝過大嬸之後，轉身回家執意將飯糰讓給奶奶吃，奶奶不接受，祖孫倆就這麼相互推讓，誰也不肯吃，不久體弱的小男孩餓暈了過去，右手還緊緊握著這個小飯糰。

岳飛父子墓

岳飛聽了祖孫倆的遭遇，既感動更痛心，立即命隨從從帳營裡端出稀飯給祖孫二人充饑，並送給她家一袋糧食。

岳飛想到還有這麼多百姓在忍受饑餓，而軍中糧食也朝不保夕，便遣岳雲即刻趕往洪州運來大批糧米，在寶書樓附近架起大鍋，煮粥給廣大饑民充饑救急。

洪州：多用於地名，古時江西南昌、河南輝縣分別稱洪州。公元前二〇三年，漢高祖劉邦命潁陰侯灌嬰駐守南昌一帶。灌嬰率部在今皇城寺附近修建了一個方圓十里又八十四步、辟有六門的土城，時人稱之為灌城，是南昌建城的開始。宋代開寶年間復名洪州，天禧年間屬江南西路，隆興年間為隆興府。

隨後，岳飛又命令官兵利用戰餘時間帶動和幫助百姓挑水補種秋糧，使當地渡過饑荒。獲得收成的當地百姓也自發在寶書樓施粥勞軍，以報答岳家軍在饑荒時期的救難之恩，於是寶書樓便被當地百姓改稱為「施粥亭」。

岳飛參花圖

後來，宜豐人們為了懷念岳家父子為新昌「御災捍患」的功德，就在縣城立岳王廟以祀之。

宜豐岳王廟原坐落在宜豐縣城東郊，始建於南宋，公元一五〇八年首次重修，公元一五二九年夏又重修，公元一六七〇年再次重修。

重修之後的宜豐岳王廟為磚木結構，前有門廳，中有廣坪，兩側有環廊，後棟五間。大廳寬十五公尺，總長三十九公尺，寬三十二公尺，建築面積一千兩百四十八平方公尺。

宜豐岳王廟為紅牆綠瓦仿古建築，廟門立有石獅一對，廟內有精忠祠，前置石馬二座、石人像四座，石獅、石像均為明代天啟年間之物。中場闢有放生池。規模較舊廟更為宏大。

石獅：用石頭雕刻出來的獅子，是在中國傳統建築中經常使用的一種裝飾物。在中國的宮殿、寺廟、佛塔、橋梁、府邸、園林、陵墓以及印鈕上都會看到它。其造型並非我們現在所看見的獅子，可能是因為中土人士大多沒有見過非洲草原上的真正的獅子。但也有說法是西域獅與非洲獅體態不同的緣故。

岳母刺字畫

進入廟門，為一大影壁，上面書刻著岳飛的詩詞《題驟馬崗》。詩曰：

立馬林崗豁戰眸，陣雲開處一溪流。

機舂水澨猶傳晉，黍秀宮庭孰憫周。

南服只今殲小丑，北轅何日返神州。

誓將七尺酬明聖，怒指天涯淚不收。

驟馬崗是江西一地名。清光緒年間刻本《江西通志》卷五十《山川略》云：「宋紹興間，岳飛討賊飲馬於此。」此詩岳飛自題「四都碓上追曹成至此感吟」。「碓上」在宜豐橋西鄉灣里村附近，此處有一藍將軍廟，祀岳飛的裨將藍公。

刻本：也就是版本類型。亦稱刊本、槧本、鐫本。均指雕版印刷而成的書本。中國雕版印刷術發明很早。唐代已經有雕版印刷的書籍流行。五代已由政府指令國子監校刻「九經」。至宋代，雕版印刷的書籍大盛。旁及遼、金、西夏，直至元、明、清，前後盛行一千餘年。

相傳這位藍將軍是岳飛的裨將，紹興初年岳飛追曹成來到四都時，藍將軍手執令旗擂鼓督戰，突然對方射來一箭，正中藍將軍心窩。

藍將軍為鼓舞士氣，忍著劇痛，擂鼓不息，至死立屍於田間不倒。百姓揮淚感戴，建大廟奉祀他，民間並流傳有「企石將軍」的故事。

藍將軍廟後有一岡，叫戰馬岡，岳飛有感於藍將軍誓死殺敵的精神，在此地題詩一首。宜豐岳王廟在岳飛塑像左邊塑有岳雲像，右邊則塑有中矢不倒的藍將軍像。

宜豐岳王廟放生池前，有一神奇的烏青石，炎暑時坐其上渾身涼爽。此石原在縣城桂花村樓子上之龍鬚廟，形如鵝蛋，長一公尺餘，傳說岳飛曾坐憩其上。又傳說該石是許真君鎮龍時用的壓水石。

岳飛殺敵圖

此外，在岳飛廟中還有明正德年間雲南按察司僉事、邑人陳懷經所撰《新昌縣新建宋岳鄂武穆王廟之碑記》、新昌教喻姚世所撰《重建岳王廟上梁文》碑刻各一塊，異常珍貴。

按察司：中國古代官名，是元朝、明朝、清朝三代設立在省一級的司法機構，主管一省的刑名、訴訟事務。同時也是中央監察機關都察院在地方的分支機構，對地方官員行使監察權。

岳飛在轉戰宜豐期間，在藤橋、橋西進行了兩次大的戰鬥。這裡一直都留有施粥亭、藍將軍廟、聚馬崗、點兵坳、馬踏石等近十處岳家軍遺蹟。民間流傳許多岳飛賑災濟困、安撫百姓的善舉軼事。

在宜豐大姑嶺大姑廟附近的小道旁，完好地保存一塊留有一道深陷馬蹄狀痕的花崗岩石。據傳，這是岳飛率部轉戰宜豐期間，因其坐騎青龍駒受驚左蹄蹬石而留下的痕跡。

花崗岩：地殼主要組成岩石之一，是一種岩漿在地表以下凝結形成的火成岩，主要成分是長石和石英。其不易風化，顏色美觀，外觀色澤可保持百年以上，由於其硬度高、耐磨損，除了用作高級建築裝飾工程、大廳地面外，還是露天雕刻的首選之材。

相傳有一天，一路追剿敵軍的「岳家軍」行至大姑嶺大姑廟附近時，已是傍晚時分。由於這一帶地勢險要，地形不熟，岳飛下令就地安營紮寨。

岳家軍蠟像

晚飯過後，岳飛顧不得一路行軍勞頓，帶上岳雲和幾名親信，步行到附近幾戶父老家中打探地勢情況，瞭解百姓生活。

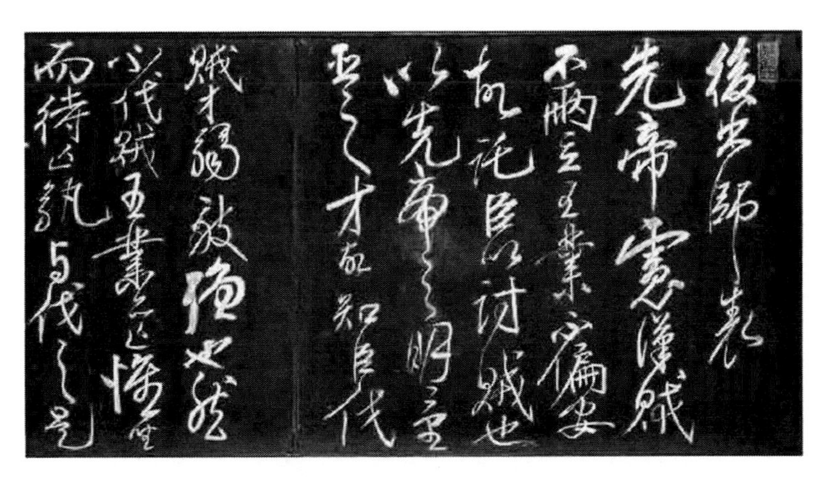

岳飛書法

飽受金兵侵擾的當地父老對岳家軍大名早有所聞，又感岳元帥平易近人，治軍嚴明，對百姓財產秋毫無犯，便將當地山形路況及所瞭解到的金兵活動習慣等情況和盤托出。

辭別百姓出來，岳飛跨上親兵牽來的愛馬青龍駒繼續前行，一面實地察看地形，一面思索破敵之計。

此時，一輪滿月已高高掛起，抬眼望去，遠山、近樹、岩石、澗流，無不沐浴在皎潔的月光下，間聞溪水潺潺，偶聽百鳥驚起，好一幅美妙幽靜的山澗夜景圖。然而，岳飛哪有心情賞景？想到大好河山被金軍侵犯，黎民百姓遭金兵蹂躪，而自己身負抗金重任，幾天來卻破敵不力。

想到這，岳飛禁不住仰天一聲長嘆，兩腿下意識用力一夾馬背。青龍駒以為主人要衝鋒陷陣，便一聲長嘶，兩前腿一躍而起，不想此時馬的左後掌偏偏踩在一塊圓滑的石塊上，一受驚失去平衡，整個身子向左邊山坎傾去。

岳飛和母親塑像

說時遲，那時快！從思索中猛然驚醒的岳飛往右下用力一勒韁繩，機警聰明的青龍駒就勢奮力踩下前腿，左前蹄重重地蹬在路旁一塊凸起的花崗岩石上，只聽得「呼」地一聲，頓見石塊上火光四濺，青龍駒由此穩住身子，卻把一旁的隨從人員，還有悄悄尾隨目送岳元帥的幾位百姓個個驚出了一身冷汗。

次日清晨，等到百姓們來看望岳元帥時，發現「岳家軍」早已拔營前行。人們發現，昨天晚上青龍駒失蹄之處的花崗岩上，留下一道深陷的馬踏痕，驚嘆不已。

閱讀連結

岳飛不僅樂善好施，而且還經常化私為公，用自己的私家財產去補助軍用。有一次，岳飛命令部下將自己家「宅庫」裡的所有物品，除了皇帝「宣賜金器」外，全部變賣，交付軍匠，造良弓兩千張以供軍用。據史書記載：「岳飛樂施踈財，不殖資產，不計生事有無。所得錫赉，率以激犒將士，兵食不給，則資糧於私廩」。

岳飛不但用自己的行動引導眾人的價值觀，還提出「文臣不愛錢，武將不惜命」的著名口號，希望能夠改變當時愛錢貪財這一社會陋習。

名臣廟——名臣祭祀

在中國的歷史上，尤其是唐宋時期，出現許多經天緯地的治世之才，他們為國家傾獻自己全部的才智和生命。這些名臣上定國策，下撫百姓，勤勤懇懇，盡職盡責，為世人做出表率。

唐代偉大詩人白居易，憂國憂民，關心普通老百姓；唐代宰相李德裕、宋代宰相李綱、趙鼎及宋代大學士李光、胡銓，也都是心繫民生的良臣；一生盡人臣之力事君的北宋三朝宰相韓琦；以天下為己任的政治家范仲淹等，他們都在人們的心中留下不可磨滅的形象。人們懷念他們，為他們建立祠堂，世代祭拜他們。

坐落在重慶忠州的白公祠

那是在公元八一八年冬，唐代大詩人白居易被皇帝任命為忠州刺史。白居易脫去司馬青衫，換上刺史紅袍，但是心情卻不高興。因為即將任職的忠州是一個偏遠而荒涼的地方，自然環境十分險惡。

刺史：中國古代官職名。漢武帝時始置，「刺」，檢核問事之意。刺史巡行郡縣，分全國為十三部，各部置刺史一人，後通稱刺史。刺史制度在西漢中後期得到進一步發展，對維護皇權，澄清吏治，促使昭宣中興局面的形成。

為了改善忠州這片土地上老百姓的生活，白居易勸農民努力生產，並且重新制定納稅法，減輕徭役、刑罰，違法亂紀的人漸漸變少了。

一天，白居易準備去城西的龍昌寺與清禪師探討治郡之道，途中遇到一個年輕婦人抱著頭破血流的孩子呼天搶地地痛哭，一個鬚髮皆白的老者淚流滿面地安慰著她。

忠州白公祠

白居易停下來問清緣由，原來老者帶著女兒、外孫下山進城，外孫不小心跌落山崖身亡，當年這個地方已經摔死過好幾個人了。面對傷心欲絕的父女，白居易熱淚盈眶、心如刀絞，摸出三兩銀子叫他們好好掩埋孩子。

道別之後，白居易立即打道回府，一連幾天茶不思飯不想，決定為民開路。老百姓紛紛捐錢捐物，有錢出錢，有力出力。在修路期間，白居易經常帶著府吏到工地指揮、設計、查看，而且還在龍昌寺前的巴子台上栽柳、種竹、種花。

俗話說:「人心齊，泰山移。」幾個月後，一條一百多級的「天路」竣工了，就是遠近聞名的白公路。忠州城男女老少都來慶賀，吹吹打打好不熱鬧。

公元八二〇年，朝廷一紙詔書，白居易被提前召回長安擔任尚書司門員外郎。臨走的時候，白居易戀戀不捨特地到開元寺上方台閣題詩留念：

員外郎：中國古代官職之一，原指設於正額以外的郎官，有「定員外增置」之意。晉武帝始設員外散騎常侍，員外散騎侍郎，簡稱員外郎。明清時，此官職配置於朝廷或地方之輔助部門，品等為從五品。清亡後該職廢除。

忠州白公祠牌樓

二年留滯在江城，草樹禽魚盡有情。

回到長安後，白居易總是惦記著忠州，甚至夢遊忠州。忠州人民崇敬他，把他同劉晏、陸贄、李吉甫並稱為「四賢」，在宋代修建了四賢閣以作紀念。

白居易惦記忠州，忠州人民也世世代代沒有忘記他。在他去世後的八百多年之後，明代忠州知州馬易從敬重白居易，他深知白居易在忠州為官時深受民眾愛戴，遂倡議建祠祭祀。馬易從在倡建白公祠的時候曾期望：

後之君子，從而恢拓之，與巴山蜀水共長也。

於是，忠州人們於公元一六三〇年在城西巴台旁為他建造一座祠堂，今天的人們把它叫做「白公祠」。白公祠於清道光年間的公元一八三〇年進行了擴建。

擴建之後的白公祠分為兩級台地，臨江依山而建，氣勢恢宏，門前一坡兩丈有餘的大石梯，左是參天大樹，右為高聳的棧樓。

登梯之後便是白公祠的大門，大門為三樓四柱三間牌樓，匾額橫書「白公祠」三個大字，兩側有一幅楹聯：

牌樓：為門洞式紀念性建築物。是封建社會為表彰功勛、科第、德政以及忠孝節義所立的建築物。也有一些宮觀寺廟以牌坊作為山門的，還有的是用來標明地名的。同時牌坊也是祠堂的附屬建築物，昭示家族先人的高尚美德和豐功偉績，兼有祭祖的功能。

遺澤被山川萬民長憶賢刺史；

宏篇映日月百世同仰大詩人。

這幅楹聯道出萬民心聲。大門左右一對雄獅，為大門平添幾分威嚴。

忠州白公祠白居易塑像

忠州白公祠內景

進入大門，便見一半圓形蓮池，滿池綠水，生機盎然，與園中花草相映成趣，小小蓮池，給白公祠平添幾分景緻。當年白居易在此遊覽之後揮筆寫下了《龍昌寺荷池》：

冷碧新秋水，殘紅半破蓮。

從來寥落意，不似此池邊。

進入白公祠西盡頭，是一片珍稀木蓮樹林。木蓮樹生長山谷間，巴民也稱呼為黃心樹。大者高五丈，涉冬不凋，身如青楊，有白文，葉如桂，厚大無脊，花如蓮香，四月初始開，自開至謝，僅二十天，是白居易在忠州為官時最為鍾情的樹種。

在木蓮樹身上，白居易看到自身命運的投影，因此題下三首絕句：

如折芙蓉栽旱地，似抛芍藥掛高枝。

雲埋水隔無人識，唯有南賓太守知。

紅似胭脂膩如粉，傷心好物不須臾。

山中風起無時節，明日重來得在無。

已愁花落荒岩底，復恨根生亂石間。

幾度欲移移不得，天教抛擲在深山。

絕句：又稱截句、斷句、絕詩，四句一首，短小精悍。是唐代流行起來的一種詩歌體裁，屬於近體詩的一種形式。絕句分為律絕和古絕。律絕是律詩興起以後才有的，要求平仄。古絕遠在律詩出現以前就有了。

白居易感嘆美麗而哀愁的木蓮樹，類同自己的生命狀態。「雲埋水隔無人識」，「天教抛擲在深山」，道出他當時的心態。

進入大門右拐為「白園」，門聯為「浮雲不繫名居易，造化無為字樂天」，其巧妙地嵌入了「白居易」的名和號，此聯是白居易逝世時唐宣宗為其所作輓詩中的兩句。

輓詩：哀悼與祭奠死者的詩。以詩的形式哀悼死者，在中國古已有之。輓詩一般與死者身分、生平相關，抒情為主，以情動人。清代方文《述哀》詩：「誄文既欸懇，輓詩並愁絕。」

忠州白公祠漢闕丁房闕

白園內建有洗墨池，白公銅像，東西兩側用花牆隔開，地勢東高西低。南面房舍依坡而建，為船樓建築，其中白居易生平展覽室陳列白居易的譜系、生活紀年，到忠州為官時的各項政績。

醉吟閣為四柱三層樓，到此可憑欄遠眺，這是一座結構複雜的亭閣，十六根圓柱承托一個主樓和四個門樓，可供遊人進出登高望遠。

忠州白公祠內的華表

亭閣正下方是唐代龍昌寺遺址，這裡山勢高聳，得月最先，俯望長江如玉帶，對岸青山茂林，修竹歷歷，坐在順勢而建的長廊裡，習習江風拂面，涼爽宜人。後來由於興建水庫，散建境內各處的「國寶」漢闕、全部搬遷放置於白公祠內。

「漢闕」是漢代存於世的唯一地面建築，全國僅二十九座，忠縣就有五座，占全國六分之一，真是名符其實的漢闕之鄉。

經過闕園拾級而上，便可見因水庫修建而搬遷復建於祠內的明、清古建築關帝廟、老官廟、太保祠。這三座古建築均是忠縣規模較大、保存較為完好的祠廟建築。為後人追溯忠縣忠義文化和悠久的歷史提供了一個尋蹤平台。

閱讀連結

白居易是唐朝著名大詩人，他的詩歌語言通俗平易，生動自然，琅琅上口。這是與他平易近人的人格緊密相聯的。

白居易的鄰居是一個上了年紀的老婦人，老婦人沒有什麼知識，但是白居易十分尊重她。白居易每天在家裡不斷地寫詩，寫好了修改過後都會唸給老婦人聽，當老婦人聽不懂或是嫌他的語言繁瑣時就會說出來。白居易拿回家繼續修改，再唸給她聽，這樣直到老婦人沒有意見為止。所以，白居易的詩大多通俗易懂，深入人心。

有瓊台勝景之稱的五公祠

五公祠位於海南海口瓊山區國興街道海府路，是海南人民為紀念唐宋兩代被朝廷貶至海南的五位歷史名臣而修建的紀念性供舍。始建於明萬曆年間，清光緒年間的公元一八八九年，雷瓊道台朱采主持重修，後又多次修繕，現仍是熠熠生輝。

五公祠供奉的五位歷史名臣是：唐代名相李德裕、宋代宰相李綱、趙鼎及宋代大學士李光、胡銓。他們萬里投荒，不易其志，為海南島的文化教育、經濟的發展做出不朽的貢獻，所以海南人民歷代建祠祭祀他們。

海口五公祠裡的李德裕塑像

五公祠正門

五公祠由觀稼堂、學圃堂、五公精舍等組成，並和蘇公祠、洞酌亭、粟泉亭、洗心軒、遊仙洞、兩伏波祠及其拜亭連成一片，占地面積六點六萬平方公尺。

五公祠為樓閣歇山頂建築，建築風格有鮮明的海南地域特徵，帶有南洋建築的痕跡，也深受嶺南建築的影響。是全面瞭解海南歷史、政治、文化發展的名勝古蹟，具有較高的藝術和歷史價值。

五公祠正門懸掛著「五公祠」金字匾額，樓上掛有「海南第一樓」，落款署「光緒十五年嘉興朱采」。兩側楹聯寫道：

朱采：（公元一八三三年至一九〇一年），字亮生，又字雲亭，號冶仙，浙江嘉興人，清末詩人，善工擊技，明弈理。公元一八三三年任山西汾州知府，累官廣東雷瓊道，在雷瓊道道任上主持重修五公祠。著有《清芬閣集》十二卷。

唐嗟未造，寧恨偏安，天地幾人才置諸海外；

道契前賢，教興後學，乾坤有正氣在斯樓中。

樓內大廳掛「安國危身」橫匾，匾下供奉五公神位和展出五公史蹟。樓內大廳圓柱掛兩幅楹聯，分別是：

只知有國，不知有身，任憑千般折磨，益堅其志；

先其所憂，後其所樂，但願群才奮起，莫負斯樓。

於東坡之外，有此五賢，自唐宋迄今，公道千秋垂定論；

處南首級中，別為一郡，望煙雲所聚，天涯萬里見孤忠。

這些楹聯驚天地、泣鬼神，正氣浩然，雄姿勃發，充分表達五公高風亮節和剛正不阿的品質及精神。

五公祠建築物古色古香，庭院內卵石鋪路，古木參天，名花夾道，香氣撲鼻，素有「瓊台勝景」之稱。祠內五公石雕栩栩如生，滿面思緒。

清代雷瓊道台朱采也是個詩人，當他修建五公祠時增建學圃堂和五公精舍，目的在於興辦學堂，講學明道，發展文化教育事業。據朱采撰寫的《五公祠記》記載：

右側建學圃堂，聘海內碩儒講學其中，又建橫宅一連四間，名五公精舍，為學子研習之地，本道契五公，教興後學之意。

五公祠瓊台勝境

後來瓊州道尹朱為潮在《重修五公祠記》記載：

五公祠學圃堂

五公精舍仿學海堂例，選全瓊庠生，秀才三十名，研習經史詞章之學，聘寧波郭晚香在學圃堂講課。

秀才：別稱茂才，原指才之秀者，始見於《管子·小匡》，是自漢以來薦舉人才的科目之一。宋代秀才名銜，無需經過考試取得，但明清時代則不同，秀才得來不易，必須透過幾重考試關隘才可，而且秀才最後也不一定能夠應舉。

朱為潮文中的「郭晚香」是浙江寧波人，晚清著名學者。朱采在增建學圃堂和五公精舍後，向時任兩廣總督的張之洞推薦，聘請郭晚香來海南講學。郭晚香來瓊時帶來八千多卷古版文獻書籍，置於海南第一樓上，學圃堂就是郭晚香當時講學的地方。

兩廣總督：在清朝的正式官銜為「總督兩廣等處地方提督軍務、糧餉兼巡撫事」，是清代封疆大臣中級別最高的，總管廣東和廣西兩省的軍民政務。兩廣設置總督在清代已成定制，總督作為封疆大吏的地位也已確立。

五公精舍和東齋分別是學生和老師的宿舍。兩廂房均為素瓦紅木建築，典型明清風格。庭園內花木繁茂，四季凝蔭，景色絢麗，環境幽靜。

郭晚香病逝後，五公精舍稱為藏書館，珍藏郭晚香的遺留下的書。後來歷經洗劫，圖書所剩無幾。經過政府修繕學圃堂和五公精舍，裡面陳列海南部分文物，有明代禁鐘、黎族古代銅鼓、宣德爐等，學圃堂中還陳列有漢代以來的銅鐘和銅鼓等古文物。

五公祠左側是觀稼堂，原名為觀稼亭，椐《瓊山縣志》記載：觀稼亭建於明萬曆年間的公元一六一五年，是一座六角飛檐大亭。「觀稼」兩字，寓意為：觀浮粟泉水旺盛，灌溉金穗千畝之意。堂取此名，是為紀念蘇東坡「指鑿雙泉」，造福桑梓鄉里的豐功偉績。

蘇東坡：（公元一〇三七年至一一〇一年），蘇軾，字子瞻，又字和仲，號東坡居士。宋代文學最高成就的代表之一，「唐宋八大家」之一。其文汪洋恣肆，豪邁奔放，與韓愈並稱「韓潮蘇海」；其詩題材廣闊，清新雄健，善用誇張比喻，獨具風格，與黃庭堅並稱「蘇黃」。有《東坡七集》、《東坡易傳》、《東坡樂府》等傳世。

五公祠觀稼堂

北宋紹聖年間的公元一〇九七年四月，東坡被貶海南儋州。他在花甲之年偕小兒蘇過從惠州起程到海口，借寓金粟庵。在金粟庵逗留其間，他發現當地百姓飲用河溝髒水，便實地勘察地下水源，並教導百姓鑿井之法，並親自「指鑿雙泉」，一泉名曰「金粟」，一泉曰「浮粟」，現金泉已毀，浮粟猶在。浮粟泉水味甘洌，泉水常冒水泡浮在水面如粟，故名「浮粟泉」。

觀稼亭在明末清初時被毀，公元一七〇四年瓊州知府賈棠深感觀稼亭對教化當地百姓黎民、思憶先賢豐功偉業具有深遠意義，便在舊址重建。公元一八三四年又經擴建，形成為當時海南最大的亭榭。據清人張育春撰寫的《重修觀稼亭記》記載：

亭前為平坂，旁浥清泉，有溪流一道，自東環流而西，兩旁綺麗交錯，阡陌縱橫，士大夫遊息於此，比之裴中立綠野堂，洵城北一名勝。

公元一八八九年，朱采在修建五公祠時，又重修觀稼亭，並改名為觀稼堂。他在《五公祠記》中記載道：

五公祠左附觀稼堂，循舊例藏瓊崖歷代名賢文物遺著。

海口蘇公祠

自朱采重修五公祠後，觀稼堂就成為海南文人學子品茶賦詩與進行學術交流的地方。

海口蘇公祠內的蘇東坡塑像

蘇公祠與五公祠毗鄰，祠內陳列一批蘇東坡詩詞碑刻，祠前有碑坊、拱橋、荷池、風亭。

蘇公祠是為紀念蘇東坡而建的。他北返之後，海南學子經常在他曾借寓過的金粟庵飲酒賦詩，進行學術交流，懷念這位「一代文宗」，久之便把該處題名為「東坡讀書處」。元代在此基礎上開設「東坡書院」，大書法家趙孟頫為之題匾。

趙孟頫：（公元一二五四年至一三二二年），字子昂，號松雪，松雪道人，又號水精宮道人、鷗波，中年曾作孟俯。元代著名畫家，「楷書四大家」之一。能詩善文，懂經濟，工書法，精繪藝，擅金石，通律呂，解鑒賞。代表作品有《赤壁賦》、《鵲華秋色圖》等。

東坡書院幾經變遷，至明初毀廢，但遺蹟尚存。明萬曆年間的公元一六一七年，瓊州副使戴禧在原址重建，並改書院為「蘇公祠」，奉祀蘇東坡與其子蘇過。

清順治、乾隆年間，又對蘇公祠進行重修，清光緒時期，朱采在修建五公祠時對蘇公祠進行較大規模的整修，並增建山門等建築，因而蘇公祠基本上都是清光緒年間建修的規模。

蘇公祠山門口陳列的石雕是明代修建蘇公祠時的原物，山門口懸掛明太祖朱元璋贊海南詩句「南溟奇甸」橫匾。蘇公祠正廳陳列著蘇東坡及其子蘇過和學生姜唐佐的牌位。大廳圓柱懸掛朱為潮所撰的楹聯：

此地能開眼界；

何人可配眉山。

蘇公祠的東面有瓊園，園內有浮粟泉、粟泉亭，以及瓊園中的洗心軒和遊仙洞等名勝。清著名金石家汪垢為浮粟泉撰聯「粟飛藻思；雲散清襟」，並將之鐫刻在旁邊。後又有人在「浮粟泉」匾下增刻「神龍」兩字。

蘇公祠內的浮粟泉

浮粟泉歷經近千年滄桑，從不枯渴，不論大旱或大澇水位都保持現狀不變。傳說取水之人只要在井旁用腳一跺，若井底下如源源不斷地冒出水泡，那麼來年一定會財源滾滾，生活蒸蒸日上。

在很早以前，海府地區的財主和商人每到除夕都會到此踏上幾腳，祈求來年生意興隆，財源廣進，並僱用人力或牛車把該水拉回家飲用。後來經研究發現，該水屬礦泉水，含有多種人體需要的礦物質。

蘇東坡「指鑿雙泉」之後，瓊州郡守陸公品飲浮粟泉水，讚其泉水甘甜，便在井泉旁建亭。後來蘇東坡遇赦北返，再借寓五公祠的時候，陸公品邀蘇東坡為亭命名和賦詩。

遇赦北返的蘇東坡為此亭命名「洄酌亭」，並欣然命筆，即席寫《洄酌亭詩並敘》，告訴人們不要僅僅只是飲用這清泉，更重要的是要從中品出真味。

明代時洄酌亭被毀，清乾隆年間，瓊州學使翁方綱在原址重建，清同治時期，郡守戴肇辰又整修該亭。洄酌亭基本上保留清代修建時的風格。清代海南學者王國憲重刻的《洄酌亭詩並敘》陳列在五公祠碑廊裡。

郡守：中國古代官名。郡的行政長官，始置於戰國。戰國各國在邊地設郡，派官防守，官名為「守」。本是武職，後漸成為地方行政長官。秦統一後，實行郡、縣兩級地方行政區劃制度，每郡置守，治理民政。

郡：中國古代的行政區劃單位之一。始見於戰國時期。秦統一天下設三十六郡，後漢起，郡成為州的下級行政單位，介於州和縣之間。隋朝廢郡制，以縣直隸於州。唐朝道、州、縣，武則天時曾改州為郡。明清稱府。

蘇公祠內的粟泉亭

粟泉亭始建於公元一六一二年，在清代時被列為八景之一的「蘇亭蘸翠」。粟泉亭歷代有建修。

瓊園是人們在擴建五公祠時增闢的一組園林古蹟群，主要建築有洗心軒與遊仙洞。瓊園兩兩字取：「南溟奇甸，瓊台勝境」之意。

洗心軒是一間亭榭式的古建築，四周辟廊。正門走廊圓柱懸掛清代瓊州道尹朱為潮主持修建洗心軒時撰寫的楹聯：

一水可曾將耳染；

纖塵絕無上心來。

這幅楹聯意義深遠，它的來源包含一個傳說。據傳朱為潮修建瓊園時，應如何規劃，同僚眾說紛紜，莫衷一是，使他對此一時難以下定主意。

蘇公祠內的洗心軒

有一天，朱為潮親率同僚到實地勘察地形，眾官又為此爭論不休，加上正是酷熱的響午時分，使得他煩躁不已。於是，他走到浮粟泉邊，叫隨從取水止渴，並用泉水洗臉清熱。

突然間朱為潮感到大腦豁然一亮，瓊園的規劃在大腦中清晰成形。他決定在瓊園建一中心建築，並為之命名為「洗心軒」以此告訴後人，在心煩意亂的時候，到此遊一遊，喝上一口清心爽口的浮粟泉水，心中所有的煩惱與雜念將遠離而去。洗心軒在後代有多次重建，但是基本上保留原有的風格。

遊仙洞是根據民間傳說用海南火山岩壘砌而成的人工假山。據說宋朝年間有一道士，自幼出家修道，修煉多年，總不能成仙得道。

道士：信奉道教教義並修習道術的教徒的通稱。道士作為道教文化的傳播者，又以各種帶有神祕色彩的方式，布道傳教，為其宗教信仰盡職盡力。在社會生活中，扮演引人注目的角色。道士之稱始於漢朝，當時意同方士。在道教典籍中，男道士也稱乾道，女道士則相應地稱坤道。黃冠專指男道士時，女道士則相應地稱為女冠。

有一天，道士在夢中見到一神仙點化說：大海中有一神龜，在你垂暮之年訪得此龜，並在其首坐化，定能成仙。醒後，道士苦思不解其意，便決定外出雲遊尋訪。

道士苦經十多年，踏遍東南沿海，總悟不到夢境中的神龜。後來他來到雷州，聽說蘇東坡被貶在海南，便決定到島上一遊，順便結識和請教這位大學者。

這天，當道士踏上這塊神奇的荒島時，頓然一悟，海南的地形正酷似他夢中的神龜，於是他便到儋州拜訪蘇東坡，請教龜首在何處。

經過幾個月的交往，這位道士為蘇東坡的博學所折服，而蘇東坡也被道士的精神與決心所感動，於是告訴他說：瓊州地形似神龜，郡城瓊山是龜首。道士便辭別蘇東坡，來到瓊山探訪他夢中的龜首。

幾經磨難，道士終於發現五公祠正是他魂牽夢縈要找尋的地方，於是他便在遊仙洞這地方結茅苦修。他的意志與決心感動玉皇大帝，一天派來一位神仙把他引接到天界授予神位。

蘇公祠思賢

因為這位道士是在此得道成仙，神遊而去，為紀念這位道士堅韌不拔的意志，朱為潮便在此建起這座假山，並命名為「遊仙洞」。

兩伏波祠為紀念西漢的路博德、東漢的馬援兩位伏波將軍而建，是海南較早的古蹟之一。

伏波將軍：古代對將軍個人能力的一種封號。「伏波」意為降伏波濤。漢武帝時，戰事頻仍，將軍廣置，第一位出任伏波將軍的即漢武帝時候的路博德。歷朝歷代曾出現多位被授予伏波將軍的人，最著名的伏波將軍是東漢光武帝時的馬援。

海南最早建伏波廟是在宋代，位於城北三千公尺的龍岐村。明萬曆年間，瓊州副使戴熹又在城西邊的教場演武亭建「漢二伏波祠」。清代朱采在主持修建五公祠時，把漢二伏波祠遷建在五公祠內，並改名為「兩伏波祠」，同時增建拜亭，之後該祠有幾次較大規模的重修。

五公祠牌位

路博德是中國漢代西河平周人，初拜右北平太守，漢武帝時期隨霍去病徵匈奴有功，被封為邳離侯。漢武帝元鼎年間，南越國發生內亂，並反叛漢王朝。公元前一一〇年，漢武帝令路博德為伏波將軍，領軍出桂陽，下湟水，最後挫敗越軍，平定南越的反叛。

為加強漢王朝對南越的管理，路博德把設置儋耳、珠崖、南海、蒼梧、鬱林、合浦、交趾、九真、日南九郡。其中儋耳、珠崖兩郡就在海南的儋州與瓊山。路博德的南征其意義和貢獻是極其遠深和重大的。南越的平定為邊疆的穩定和經濟的發展提供良好的社會環境；九郡的設置，確定中國南方的版圖，使封建中央政權開始對南疆的開發，促進各民族之間的融合和發展。

兩伏波祠

馬援是東漢開國功臣之一，中國歷史上著名的軍事家。他在漢光武帝劉秀統一天下之後，雖已年邁，但仍請纓東征西討，西破羌人，南征交趾，北擊烏桓，因功封新息侯。其「老當益壯」、「馬革裹屍」的氣概甚得後人的崇敬。

「兩伏波祠」因山構築，坐北向南，分三進。銅門、中廳、正殿按中軸線布局，經十二級台階及一個平台至祠門。祠高高聳立，居高臨下，雄偉壯觀。祠門匾額「伏波祠」三字，隸書，渾厚有勁，由全國書法協會副主席、著名書法家劉炳森重新題寫。石聯「東西輔漢勛名著，前後登壇嶺海遙」，是清光緒年間兵部侍郎吳應栓撰寫。

進入大門有一天井，兩邊有古碑廊，有明清時期重修的碑及詩碑。再登上五級台階至中廳有新碑廊。將已佚的詩碑補上，並雕刻現代名人題詞。

從中廳又經一小天井進入正殿，正殿硬山頂，面寬進深各三間，抬梁與穿斗混合梁架結構，石柱八角形，這些建築都保留清初建築風格。正殿中間有木圖，雕刻精緻，金碧輝煌。閣內敬奉漢代先後揮師嶺南，建立卓越功勛的兩位伏波將軍，路博德在左，馬援居右。該祠大門、中廳、正殿沿梁下四周牆壁，都繪有壁畫，山水花鳥，人物故事，琳瑯滿目。這是雷州民間泥水匠師的傑作。

在五公祠區，還保留許多珍貴的文物，其中宋徽宗趙佶手書《神霄玉清萬壽宮詔》碑，其「瘦金體」書法剛勁清秀，對研究道家學說和書法都有重要參考價值。著名清官海瑞的古唐詩書法，也很受人們的喜愛。

閱讀連結

唐代名相李德裕被貶來瓊有不少有趣的傳說。相傳李德裕為相時，一日夜裡曾夢見一位老者對他說：「七九之年我們將相會於萬里外。」後來，李德裕果真客死在遠離京都萬里之外的流放之地海南。

關於李德裕之死也有這樣的傳說：公元八五〇年年底，他到城南一小道院，遇到一位老道人掛一葫蘆在牆上。貧病交加的李德裕便問其是否裝有什麼藥物，老道人回答說：「皆人之骨灰耳，自黨朋之爭，朝士被黜貶而死，貧道憐之，貯其骸灰於此，以俟其子孫來訪。」當晚李德裕回寓所就心痛而死，終年六十三歲。

紀念北宋宰相韓琦的廟宇

那是在中國的北宋時期的公元一〇〇八年八月五日，時任泉州知府的韓國華家裡誕生了一個男嬰，韓國華為孩子取名叫韓琦。後隨父韓國華遷相州，遂為安陽人。安陽今屬河南省。

韓琦畫像

據史料記載，韓琦自幼「風骨秀異」，才智超人。三歲時父母去世，由諸兄扶養。稍稍長大即能自立，有大志氣，「性純一，無邪曲，學問過人」。

韓琦二十歲中進士，做監丞官，錢糧倉庫管理得有條不紊。後提升為陝西安撫經略招討使，和范仲淹同在軍中，掛帥西征，使西夏被迫臣服。由此，「軍中有一韓，敵人聞之心膽寒」的歌謠在邊關到處傳誦。

韓琦名揚天下，更受朝廷器重。於公元一〇五八年和公元一〇六一年，先後被宋仁宗任命為副宰相和宰相。

公元一〇六五年，韓琦被英宗任命為右僕射，封魏國公，公元一〇六八年被神宗任命為司徒，兼侍中，判相州。

公元一〇三九年，北宋王朝面臨西夏的不斷侵擾，朝內出現一股屈辱求和的勢力，平民百姓也是人心不穩。韓琦針鋒相對，切中時弊地提出富國強兵的七條建議：

韓魏公畫像

清政本，念邊計，擢良賢，備河北，固河東，收民心，營洛邑。

韓琦強調這七條是當務之急。他還針對當時社會上種種弊端，大膽地提出在政治經濟上拯救危難的八點改革措施：

選將帥，明按察，豐財利，遏僥倖，進能吏，退不才，謹入宮，去冗食。

韓琦的這些建議和措施，均得到朝廷的採納，使宋王朝轉危為安。當時著名的政治家和文學家歐陽修稱讚韓琦為「可謂社稷之臣矣」。

公元一〇四三年，宋仁宗對朝政官員進行調整，韓琦和范仲淹等人輔佐朝政。他們在《答手詔條陳十事》中，提出了十項改革措施：

明黜陟，抑僥倖，精貢舉，擇官長，均公田，厚農桑，修武備，減傜役，覃恩信，重命令。

宋仁宗對此大加讚賞，並將其中大部分內容以詔書的形式頒發全國施行。史稱「慶曆新政」。

韓琦不僅具有高明的政治見解，還有豐富的實踐能力。他在任武康節度使時，於邊境驅走入侵的敵人，並立石為界，派兵防守。他還徵得朝廷的同意，把邊界的地方劃為禁地，讓軍民共同開墾由於戰亂而荒廢的河東土地九千六百頃，不僅解決這一帶軍隊的糧食問題，還救濟了部分饑民。

取意韓魏公的《簪花圖》

宋仁宗駕崩之後，由他的養子趙曙繼位，是為宋英宗。由於宋英宗年幼有病，韓琦輔佐宋英宗，「兩建皇儲，誠格兩宮」。

駕崩：中國古代稱呼帝王或皇太后、太皇太后的死為駕崩，有「皇駕崩塌」之意。古代皇帝有萬民擁戴，有權力駕馭和支配臣民來維護江山的和平穩定，如果皇帝死了，人們的精神支柱也沒有了，「駕崩」形容的正是江山少了支柱會崩塌的意思。

宋英宗：（公元一〇三二年至一〇六七年），趙曙，原名趙宗實，是濮王趙允讓之子，過繼給宋仁宗為嗣，是北宋第五位皇帝，加謚「體乾應歷隆功盛德憲文肅武睿聖宣孝皇帝」。為帝後，任用舊臣韓琦、歐陽修、富弼等人，北宋大治。

韓魏公祠

起初，皇太后曹氏以宋英宗有病、不能料理朝政為名，行長期專權之實，韓琦便分別做皇太后和宋英宗的工作。

韓琦先對皇太后說：「病本來就是人生的，孩子生病，做母親的怎麼能不容呢？」終使皇太后將大權交給宋英宗。

然後，韓琦又對宋英宗說：「自古以來，聖帝明王不算少，為什麼獨稱舜為大孝呢？難道其餘的都不孝順嗎？父母慈愛而做兒子的孝順，這是常事，不足稱頌。只有在父母不慈愛自己時，兒子仍不失孝，才可稱頌啊！只恐怕你還沒有盡到孝心呀，做父母的哪有不慈愛孩子的呢？」

宋英宗聽了韓琦的話後非常感動，很快就前去皇太后處請安，使兩宮免遭分裂。

韓琦身居要職，大權在握，卻待人忠厚，作風樸實，平易近人，遇事不驚，喜怒不形於色，並且不拘一格選拔人才，所以很受下屬尊敬。韓琦每遇恭維，便正色回答說：「這是仁宗聖德神斷，為天下計，還有皇太后內助有力，臣子何與焉。」

韓琦到晚年，在任相州知府時，曾於安陽修建晝錦堂，作為讀書的地方，著有《安陽集》等著作。

公元一〇七五年，韓琦病故，終年六十八歲。百姓哭之甚慟，朝廷也輟朝三日，為他治喪，並謚「忠獻」。宋徽宗時，又增封韓琦為魏郡王。

宋徽宗：（公元一〇八二年至一一三五年），即趙佶，宋神宗的第十一子，宋哲宗之弟，宋朝第八位皇帝。趙佶先後被封為遂寧王、端王。在位二十六年。他是古代少有的藝術天才與全才，自創一種書法字體被後人稱之為「瘦金體」。

河南的安陽即古相州。在安陽老城內，東南營街路北的韓王廟，又名韓忠獻公廟，是古相州人為紀念韓琦，於北宋熙寧年間的公元一〇六八年修建的。元代大德年間的公元一二九八年重修，清代推官毛際可於康熙年間的公元一六六四年主持，重修了大殿。

韓魏公祠

大殿仍保持元代大梁順彎就勢的梁架結構，是河南省罕見的元代建築梁架。該殿為單檐懸山頂綠琉璃瓦覆蓋，面寬三間，長十點八公尺，深九點六公尺，高七公尺，山牆厚零點五公尺，有四根上角石柱，柱高三點一五公尺，額有花卉彩繪。殿前帶月台，殿內塑有韓王像和童男童女兩侍人像。

大殿梁架為草栿造，斗拱為雙下昂五彩斗拱，琉璃瓦沿邊和中心點綴，莊重典雅。另有東西廂房各三間，長八公尺，深四公尺，高五公尺。

韓王廟內存有歐陽修寫的《晝錦堂記》碑及其他碑刻二十餘通。其中有一通石碑書刻宋神宗題「兩朝顧命，定策元勛」八個字。晝錦堂是韓琦回鄉任相州知州時，在州署後院修建的一座堂舍。

晝錦堂內還有「三絕碑」，由北宋大文學家、副宰相歐陽修撰文，大書法家、「一代絕手」、禮部侍郎蔡襄書丹，記述三朝名相韓琦之事跡，大書法家邵必題寫碑額。

韓琦為相十載，在他的主持下，北宋社會穩定，經濟發展，這為後來王安石變法奠定良好的社會基礎。由於韓琦上定國策，下撫百姓，人們建祠紀念他，表達對他的敬仰之情。

閱讀連結

韓琦在擔任諫官的三年時間內，敢於犯顏直諫，諍言讜議，「每以明得失、正紀綱、親忠直、遠邪佞為急，前後七十餘疏」，尤其以公元一〇三八年所上《丞弼之任未得其人奏》最為知名。

當時災異頻繁發生，流民大批出現，而當朝宰相王隨、陳堯佐，參知政事韓億、石中立卻束手無策，「罕所建明」。韓琦連疏四人庸碌無能，痛陳宋王朝八十年太平基業，絕不能「坐付庸臣恣其毀壞」，結果四人同日罷職，名聞京華。他還嚴厲抨擊當時「貨賂公行」、「因緣請託」的社會風氣和「僥倖日滋，賞罰倒置，法律不能懲有罪，爵祿無以勸立功」的官場腐敗作風，建議宋仁宗先從朝廷內部「減省浮費」、「無名者一切罷之」。韓琦痛析時弊，高屋建瓴，宋仁宗對韓琦的意見和建議多數都採納了。

被後世保存完好的范公祠

在北宋端拱年間的公元九八九年農曆八月初二，北宋武寧軍節度掌書記范墉家裡出生了一個小男孩，范墉給兒子取名為范仲淹，字希文。范墉先娶陳氏，繼娶謝氏，范仲淹為其第三子。

范仲淹畫像

范仲淹二歲的時候，父親病故。為了生計，母親謝氏帶他改嫁到山東淄州長山縣的朱氏家中。長山縣即現在的山東鄒平縣長山鎮。

少年時代的范仲淹，在朱家經常受到虐待，他的母親感到非常傷心，便把他護送到博山的荊山寺讀書學習。在這裡，他不分日夜刻苦學習，數年間不曾解開衣服好好睡覺，有時候發昏疲倦，就用冷水沖頭洗臉，經常連頓稀粥都吃不飽，每天要到太陽過午才開始吃飯，他不畏窮苦終成博學之人。

范公祠牌坊

范仲淹從政後，於宋仁宗時擔任右司諫，又與韓琦共同擔任陝西經略安撫招討副使，採取「屯田久守」方針，平定西夏李元昊的叛亂。後主持「慶曆新政」，提出多項改革建議，使暮氣沉沉的北宋政權開始有了起色，為後來的「王安石變法」奠定基礎。

范仲淹被貶後，曾捐助自家田地一千多畝，設立義莊，將地租用於贍養同宗族的貧窮人。他給義莊訂立章程，規範族人生活。他去世後，他的二兒子范純仁、三兒子范純禮又續增規條，使義莊維持下去。

范仲淹設立的義莊以慈善為目的，建立在獨立財產基礎上，以財產運作來支持慈善，又具有相當的獨立性。這些特點表明，范氏義莊可以被看成中國歷史上一個初具雛形的基金會。

後人敬佩范仲淹的政績和節操，便在他少年讀書學習的地方建祠紀念。據《長山縣志》記載，公元一〇六五年，在同鄉的知縣韓澤倡議並主持下，修建一座祠堂，命名為「范公祠」。

范公祠地處山東鄒平境內長山鎮城南，孝婦河畔的河南村，坐北面南，是一組以范泉為中心的古代建築群。雖然這個地方建築面積不大，但因高下相間，隨勢安排，布局合理，錯落有致，確實能給人以古色古香、古樸典雅之感。

范公祠左右分立「先憂」、「後樂」碑，門聯是：

宰相出山中，劃粥埋金，二十年長白棲身，看齊右鄉賢，依然是蘇州譜系；

秀才任天下，先憂後樂，三百載翰卿著績，問濟南名士，有誰繼江左風流。

范仲淹的人生信條是「先天下之憂而憂，後天下之樂而樂」。這幅對聯對范仲淹一生的經歷和業績作了全面的概括和評價。

范公祠大門

范公祠分前後兩院，前院為大殿，後院為享殿。前院大殿採用歇山式建築，灰磚青瓦，斗拱飛檐，殿內塑有范公坐像。

大殿前東西兩側，各植銀杏一株，高達十丈。院內還有古槐三株，其中一株中空的枯樹，從內又生出一株新槐，枝葉繁茂，蔚為奇觀，人稱「懷中抱子」。

後院享殿雕梁畫棟，茂林修竹，清靜幽雅。享殿下有匾額兩塊，一為「長白書院」，一為「菜根味舍」。

范泉位於范公祠的中心，為秋谷群泉之冠。秋谷一帶可稱水鄉，距范公祠不遠，峨嶺東麓有明末大臣張曉「香火院」，亦名「觀音庵」，庵內有清泉，名「觀音泉」，再南有「雙泉」、「沙泉」等。以上諸泉皆已乾涸，甚至遺蹟無存，唯有范泉泉水涓涓不絕。

范泉池長六點七公尺，寬五點四公尺，深二點六公尺，四周有石欄為護，在東西欄板上均刻有篆書「范泉」兩字。

范泉的泉水自底湧出，甘洌清澈，纍纍若貫珠，忽大忽小，忽聚忽散，滿池珠璣，晶瑩奪目，與濟南的珍珠泉有異地同景之感。

范泉中泉水湧出後分三路，一路流入范祠以南的因園，一路流入范祠以北的怡園，一路經過後樂橋流入博山城區沿街伏流。當時的范泉水體景觀，可以說是美觀至極，為范祠平添無限的風韻。

范泉的西面是影壁「山高水長」，它始建於明代，是范祠中的重要文物之一。影壁為懸山式「一」字形石影壁，上覆石雕冠，下刻須彌石座，四周鑲嵌石框，中間為石刻。

該影壁長三點五公尺，高二點三公尺，東面雕刻「山高水長」四個擘窠大字，潑墨作書筆走龍蛇，遒勁灑脫，它是明代淄川大書法家張中發於明天啟年間的公元一六二五年寫下的書法傑作。

根據史料記載，當時的大書法家張中發邀請親朋好友到范祠遊覽名勝賢址，觸景生情，深為范「先天下之憂而憂，後天下之樂而樂」的高風亮節所感動。

張中發在酒足飯飽之後，仍念念不忘范的高尚情操，於是就地取材，撈取范泉池中的扎草一把為筆，在范祠內的牆壁上寫下四個大字「山高水長」，其語意是對范高風亮節的讚揚。

范亭

范仲淹曾頌揚東漢著名隱士嚴子陵，他這樣寫道：「雲山蒼蒼，江水泱泱，先生之風，山高水長。」在這個地方又以范之言，詠詩賦景，讚揚范「先天下之憂而憂，後天下之樂而樂」的高風亮節，是相當妥帖的。

當時，長山鎮的有識之士將其複製在影壁之上永久紀念，影壁中「山高水長」四個大字左側的題跋，是大書法家張中發的弟弟張志發所撰。影壁落成已有四百多年，但依舊保護完好。

范亭始建於明代，原亭坐落於范泉池以南，由於年久失修，早已頹廢。後人整修范祠時，將范亭遷建於范泉以北。范亭重檐八角，曲欄迴廊，丹窗朱戶，造型精巧，頗宜休憩。

敬一堂是明代建築物，後來被改為陶琉展廳。山東博山的陶瓷生產，歷史悠久，開始於隋唐，興盛於宋金，屬磁州窯系。世所珍重的絞胎瓷、粉槓瓷代表宋金時期北方民窯的最高工藝水平。

博山的三彩青釉印花，黑白釉刻花，雨點釉和茶葉末釉的燒製相當精美，產品以日用生活器皿為主。明代洪武初年，博山即為宮廷生產琉璃貢品，清代康熙年間，內務府就從博山招募琉璃工匠進京服役，專門為達官貴人製作飾品。

當時博山生產的琉璃產品主要有：簪花、帽結、珠環等，有白、綠、藍、水晶等花色，後來又有新的發展。目前，博山美術琉璃廠生產的各種琉璃製品更是獨具特色。

簪花：漢族婦女頭飾的一種，用作首飾戴在婦人頭上，增加一種生機勃勃、生動活潑的生命氣息。除了鮮花以外，有絹花、羅花、綾花、緞花、綢花、珠花等。這一習俗在中國已有兩三千年的歷史。古時喜慶之日，朝廷百官巾帽上也都簪花。

以山東畫派聞名的內畫工藝品聞名於天下，名貴色料雞油黃、雞肝石等雕琢類產品更可謂獨一無二，琳瑯璀璨的琉璃精品遠銷世界各地，成為中國工藝美術產品中的奇葩。而范祠保存的畫作，為世人展示范仲淹的一生。

范文正公祠

在范祠堂內，設有大型范仲淹故事壁畫，這幅大型壁畫，是根據范仲淹的主要生平經歷創作而成的，它用十二幅故事畫，概括地展現范仲淹的一生。

第一幅上部的畫面為《出生徐州》，描繪的是范仲淹出生在徐州，即當時的「武寧軍」。范仲淹兩歲時父親病逝，他便隨母親改嫁，來到長山縣的朱氏家中。少年時期的范仲淹是在十分艱苦的境遇中度過的。

范仲淹蠟像

下部的畫面為《荊山攻讀》，表現他在博山的荊山寺刻苦攻讀的情景。

第二幅《泉邊晨誦》，表現范仲淹在范泉邊勤奮學習的情節。當時范仲淹生活艱苦，經常吃不上飯，只得喝粥充饑。一位官員的兒子和他是同學，非常同情他，便把他學習勤奮、生活艱苦的情況告訴了父親。父親叫兒子準備一份飯菜給他，范仲淹婉言謝絕了，說：「我吃粥慣了，一吃好吃的，就要以吃粥為苦了」。就這樣他在應天府書院寒窗苦讀了五年。

第三幅是《進士及第》。經過五年「人所不堪」「自刻益苦」的生活，范仲淹於公元一〇一五年考中進士，這年他二十六歲。他做官後，清正廉潔，辦事公正，深得百姓的擁護和愛戴。

第四幅是《慨然自薦》，描述范仲淹考中進士做官後，一直在低職位上徘徊，沒有對國家重大問題的參決權，意志得不到發揮，才能得不到展示。公元一〇二二年，也就是他三十四歲時，范仲淹向當時的樞密副使張知白毛遂自薦，以圖大展宏圖，實現自己的強國、富民之夢。於是，范仲淹受命到泰州西溪鹽倉帶領廣大災民治理海堤。

第五幅是《數次上書》和《幾度遭貶》，描繪范仲淹大膽直言，抨擊時弊，幾度遭貶的情景。公元一〇二七年，范仲淹升任祕閣校理，出於以天下為己任的責任感，曾幾次大膽直言批評章獻太后垂簾聽政帶來的弊端，因此而被貶為通判。

祕閣：古代官名。北宋於公元九八八年在崇文院中堂建閣，稱祕閣，收藏三館書籍真本及宮廷古畫墨跡等，有直祕閣、祕閣校理等官。宋神宗「元豐改制」時，對職官制度進行過一次重要改革，將祕閣並歸於祕書省。

章獻太后去世後，范仲淹又被召入京，任左司諫，但不到一年，又因批評宋仁宗皇帝廢除皇后，被貶知睦州。後來晉升為國子監，但又因批評宰相呂夷簡用人不當，再次被貶知饒州，可以說是三起三落。

國子監：中國古代隋朝以後的中央官學，為中國古代教育體系中的最高學府，又稱國子學或國子寺。明朝時期行使雙京制，在南京、北京分別設有國子監，設在南京的國子監被稱為「南監」或「南雍」，而設在北京的國子監則被稱為「北監」或「北雍」。

山東范亭公園

第六幅和第七幅，畫面上部所展現的是岳陽樓和范仲淹的名篇《岳陽樓記》的全文。下部的畫面《萬民敬仰》和《蘇州治水》是表現范仲淹以百姓疾苦為己任，帶領百姓在蘇州治理水患的情節。

范仲淹畫像

范仲淹被貶到地方為官，仍以百姓的饑苦為己任，想百姓之所想，急百姓之所急，百姓的事就是自己的事，為百姓辦了許多好事。在蘇州治理水患時，他帶領百姓挖渠、築堤、引導太湖水入海，並治理其他的江河、湖泊，消除水患，受到了百姓的敬仰和愛戴。

第八幅描繪的是在公元一〇四〇年，宋王朝與西夏關係日趨緊張，因戰事需要，范仲淹被調任為陝西經略使，協助軍事長官韓琦，負責北部地區的軍事防務。他親自到邊關延州視察，看到的是不容樂觀的景象，便向朝廷提出要求，將自己調往邊關延州，親臨戰場指揮作戰。朝廷批准了他的請求。

范仲淹到了延州之後，首先抓了邊軍整訓，在精兵的同時，嚴整軍紀，並對邊關城塞進行修復和重建，使邊關局勢有了很大改觀。

第九幅《嚴戒邊城，使之持久可守》，畫面表現范仲淹對敵策略的正確。為了堅守邊關，他加緊安排修築城寨，公元一〇四二年他親自指揮修建馬鋪城，切斷西夏與少數民族的往來，使西夏官兵處於孤立無援的地位，不敢輕舉妄動。

由於范仲淹守邊有功，朝廷又將他提升為觀察使。為了確保邊關萬無一失，他曾三次辭讓觀察使，受到宋兵和邊關的尊敬和愛戴。

第十幅是《應召赴闕》和《天章閣獻計》。公元一〇四三年，范仲淹五十五歲，由於他在邊關抵禦外來侵略立下了汗馬之功，朝廷又將他提升為參知政事。這次升遷，為范仲淹實現改革朝政、富民強國的理想創造了契機。

公元一〇四三年九月，宋仁宗在天章閣召見范仲淹。天章閣是真宗皇帝所建，屬於內禁重地，從來沒有在此召見過朝臣，此次召見范仲淹，足見仁宗皇帝對他的重視和對他寄予的厚望。范仲淹提出了著名的《答手詔條陳十事》的改革方案。

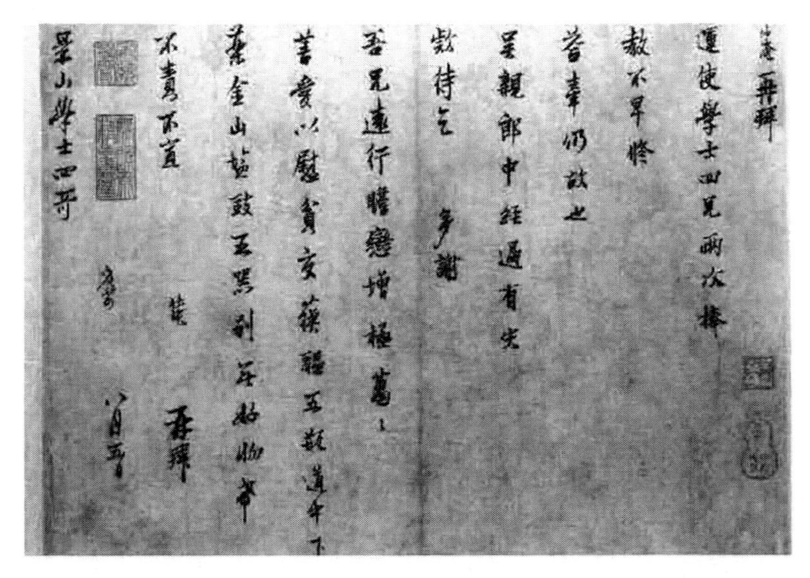

范仲淹書法

第十一幅是《慶曆新政》，表現范仲淹與改革家們大展宏圖，改革朝政的情節。范仲淹在《答手詔條陳十事》中，與韓琦合議提出「明黜陟，抑僥倖，精貢舉」等十項改革內容。這些內容抓住宋真宗和宋仁宗兩朝政治積弊的要害。「慶曆新政」方案頒布實施後，首先改革的是官制，後來全面展開。

慶曆新政：宋代慶曆年間進行的改革。公元一〇四三年，范仲淹、富弼、韓琦同時執政，歐陽修、蔡襄、王素、余靖同為諫官。范仲淹與富弼提出明黜陟、抑僥倖等十項，以整頓吏治為中心的改革主張。由於新政觸犯貴族官僚的利益，因而遭到他們的阻撓，各項改革被廢止。

第十二幅是《朋黨之災》和《著書教子》。轟轟烈烈的「慶曆新政」進行不到一年的時間，由於改革觸動保守派官僚的自身利益，加之這次改革準備不足，在奸臣和宦官的勾結下，很快就以失敗而告終，范仲淹因而被罷免參知政事。

范仲淹被貶之後，先後又在邠州、鄧州、青州等地做過地方官。在這期間，他仍然為官清廉，盡職盡責，千古名篇《岳陽樓記》就是在這一時期寫成的。

其中寫道的「先天下之憂而憂，後天下之樂而樂」，可謂震古爍今，被世代的人們廣泛傳誦，成為激勵後人的經典之句。

公元一〇五一年，六十三歲的范仲淹已是老病一身，他向朝廷請求到潁州任職，藉以休養，朝廷批准了他的請求。

公元一〇五二年，范仲淹帶病上路，但身體每況愈下，不得不中途在徐州診治。同年夏天，因病與世長辭，終年六十四歲。

范仲淹六十四年前在徐州出生，六十四年後又在同一地方與世長辭，用自己坦蕩的一生，將生命的起點和終點連在一起，畫成一個蘊含豐富的句號。

閱讀連結

范仲淹在睢陽一座廟裡讀書時，有一天宋真宗路過那裡，聽到這個消息後，全校師生大為轟動，都認為普通老百姓能親睹「天顏」，是千載難逢的好機會，蜂擁上前圍觀。只有范仲淹一人留下來繼續讀書，人家問他這麼難得的機會，你為啥不去看看，范仲淹回答說：「將來再見他也不遲。」

正是由於范仲淹的這種勤學好讀，所以學到很多真才實學，成為國家的棟梁。

國家圖書館出版品預行編目（CIP）資料

千古祭廟 / 方士華 編著 . -- 第一版 .
-- 臺北市 : 崧燁文化 , 2019.11
面 ; 公分
POD 版

ISBN 978-986-516-082-1(平裝)

1. 寺廟 2. 宗祠建築 3. 中國

272 108018204

書 名：千古祭廟
作 者：方士華 編著
發 行 人：黃振庭
出 版 者：崧燁文化事業有限公司
發 行 者：崧燁文化事業有限公司
E-mail：sonbookservice@gmail.com
粉 絲 頁： 網 址：
地 址：台北市中正區重慶南路一段六十一號八樓 815 室
8F.-815, No.61, Sec. 1, Chongqing S. Rd., Zhongzheng Dist., Taipei City 100, Taiwan (R.O.C.)
電 話：(02)2370-3310 傳 真：(02) 2388-1990
總 經 銷：紅螞蟻圖書有限公司
地 址: 台北市內湖區舊宗路二段 121 巷 19 號
電 話:02-2795-3656 傳真 :02-2795-4100 網址：
印 刷：京峯彩色印刷有限公司（京峰數位）

定 價：299 元
發行日期：2019 年 11 月第一版
◎ 本書以 POD 印製發行